—— 乡村振兴特色优势产业培育工程丛书

中国南疆核桃产业发展蓝皮书

（2024）

中国乡村发展志愿服务促进会 组织编写

中国出版集团有限公司
研究出版社

图书在版编目 (CIP) 数据

中国南疆核桃产业发展蓝皮书．2024 / 中国乡村发展志愿服务促进会组织编写．— 北京：研究出版社，2025．7．— ISBN 978-7-5199-1901-6

Ⅰ．F326.13

中国国家版本馆 CIP 数据核字第 2025NC7365 号

出 品 人：陈建军

出版统筹：丁　波

责任编辑：廖　彦

中国南疆核桃产业发展蓝皮书（2024）

ZHONGGUO NANJIANG HETAO CHANYE FAZHAN LANPI SHU (2024)

中国乡村发展志愿服务促进会　组织编写

研究出版社 出版发行

（100006　北京市东城区灯市口大街 100 号华腾商务楼）

北京建宏印刷有限公司印刷　新华书店经销

2025 年 7 月第 1 版　2025 年 7 月第 1 次印刷

开本：710 毫米 × 1000 毫米　1/16　印张：15.5

字数：245 千字

ISBN 978-7-5199-1901-6　定价：64.00 元

电话（010）64217619　64217652（发行部）

本书编写人员

主　　编：陈永浩

副 主 编：虎海防　杨莉玲　张　锐　毛晓英　马　凯

　　　　　张赟齐　宋晓波　张翠芳

编写人员：（按姓氏笔画排序）

　　　　　马　凯　王　强　王世伟　毛晓英　李明昆

　　　　　杨莉玲　张　锐　张赟齐　张翠芳　宋晓波

　　　　　陈永浩　虎海防　韩立群

本书评审专家

（按姓氏笔画排序）

王瑞元　李金花　李俊雅　李聚桢　吴燕民

张忠涛　陈昭辉　赵世华　饶国栋　聂　莹

裴　东　谭　斌　薛雅琳

编写说明

习近平总书记十分关心乡村特色产业的发展，作出一系列重要指示。2022年10月，习近平总书记在党的二十大报告中指出："发展乡村特色产业，拓宽农民增收致富渠道。巩固拓展脱贫攻坚成果，增强脱贫地区和脱贫群众内生发展动力。"同月，习近平总书记在陕西考察时强调，产业振兴是乡村振兴的重中之重，要坚持精准发力，立足特色资源，关注市场需求，发展优势产业，促进一二三产业融合发展，更多更好惠及农村农民。2023年4月，习近平总书记在广东考察时要求，发展特色产业是实现乡村振兴的一条重要途径，要着力做好"土特产"文章，以产业振兴促进乡村全面振兴。2024年4月，习近平总书记在重庆主持召开的新时代推动西部大开发座谈会上强调，要坚持把发展特色优势产业作为主攻方向，因地制宜发展新兴产业，加快西部地区产业转型升级。

为贯彻落实习近平总书记的重要指示和党的二十大精神，紧密围绕"国之大者"，按照确保重要农产品供给和树立大食物观的要求，中国乡村发展志愿服务促进会认真总结脱贫攻坚期间产业扶贫经验，启动实施"乡村特色优势产业培育工程"，选择油茶、油橄榄、核桃、杂交构树、酿酒葡萄，青藏高原青稞、牦牛，新疆南疆核桃、红枣9个特色优势产业进行重点培育。这9个产业，都事关国计民生，经过多年的努力特别是脱贫攻坚期间的工作，具备了加快发展的基础和条件，不失时机地促进实现高质量发展，不仅是必要的，而且是可行的。中国乡村发展志愿服务促进会动员和聚合社会力量，促进发展木本油料，向山地要油料，加快补齐粮棉油中"油"的短板，是国之大者。促进发展核桃、杂交构树等，向植物要蛋白，加快补齐肉蛋奶中"奶"的短板，是国之大者。促进发展青藏高原青稞、牦牛和新疆南疆核桃、红枣，促进发展西北地区葡萄酒产业，是脱贫地区巩固拓展脱贫攻坚成果和实现乡村产业振兴的需要，也是实现农民特别是脱贫群众增收的重要措施。通过培育重点企业、强化科技支撑、扩大市场销售、对接金融资源、发布蓝皮书等工作，努力实现产业发展、农民增收、企业盈利、消费者受益的目标。

发布蓝皮书是培育工程的一项重要内容，也是一项新的工作。旨在普及产业知识，记录产业发展轨迹，反映产业状况，推广良种良法，介绍全产业链开发的经验做法，对产业发展进行预测、展望，营造产业发展的社会氛围，加快实现高质量发展。从2023年开始，我们连续编写出版了9个产业发展的蓝皮书，受到社会欢迎和好评。

2025年的编写工作中，编委会先后召开编写提纲讨论会、编写调度会、专家评审会等一系列重要会议。经过半年多的努力，丛书成功付梓面世。丛书的编写与出版，得到了各方的大力支持。在此，我们诚挚感谢所有参加蓝皮书编写的人员及支持单位，感谢评审专家，感谢出版社及各位编辑，感谢三峡集团公益基金会的支持。尽管已是第三年编写，但由于对9个特色产业发展的最新数据掌握不够全面，加之能力有限，书中难免存在疏漏谬误，欢迎广大读者批评指正。

下一步，我们将深入贯彻习近平总书记关于发展乡村特色产业的重要指示精神，密切跟踪9个特色产业的发展情况，加强编写工作统筹，进一步提升编写质量，力求把本丛书编写得更好，为乡村特色优势产业的发展贡献力量，助力乡村全面振兴。

丛书编委会
2025年5月

代　序

乡村振兴特色优势产业培育工程实施方案

中国乡村发展志愿服务促进会

2022年7月11日

　　民族要复兴,乡村必振兴。脱贫攻坚任务胜利完成以后,"三农"工作重心历史性转到全面推进乡村振兴。为贯彻落实习近平总书记关于粮食安全的重要指示精神,落实《国家乡村振兴局 民政部关于印发〈社会组织助力乡村振兴专项行动方案〉的通知》(国乡振发〔2022〕5号)要求,中国乡村发展志愿服务促进会(以下简称促进会)认真总结脱贫攻坚期间产业扶贫经验,选择油茶、油橄榄、核桃、酿酒葡萄、杂交构树,青藏高原青稞、牦牛,新疆南疆核桃、红枣9个特色优势产业进行重点培育,编制《乡村振兴特色优势产业培育工程实施方案》(以下简称《实施方案》)。

一、总体要求

(一)指导思想

　　以习近平新时代中国特色社会主义思想为指导,全面贯彻习近平总书记关于"三农"工作的重要论述,立足新发展阶段,贯彻新发展理念,构建新发展格局,落实高质量发展要求。按照乡村要振兴、产业必先行的理念,坚持"大食物观"，立足不与粮争地，坚守18亿亩耕地红线，本着向山地要油料、向构树要蛋白的思路，加快补齐粮棉油中"油"的短板、肉蛋奶中"奶"的短板，持续推进乡村振兴特色优势产业培育工程。立足帮助优质农产品出村进城，不断丰富市民的"米袋子""菜篮子""果盘子""油瓶子"，鼓起脱贫地区人民群众的"钱袋子"。立足推动农业高质高效、乡村宜居宜业、农民富裕富足，为全面推进乡村振兴、加快农业农村现代化提供有力支撑。

（二）基本原则

——坚持政策引导，龙头带动。以政策支持为前提，积极为产业发展和参与企业争取政策支持。尊重市场规律，发挥市场主体作用，择优扶持龙头企业做大做强，充分发挥龙头企业的示范带动作用。

——坚持突出重点，分类实施。突出深度脱贫地区，遴选基础条件好、带动能力强的企业，进行重点培育。按照"分产业、分区域、分重点"原则，积极推进全产业链发展。

——坚持科技支撑，金融助力。加强对特色优势产业发展的科研攻关、科技赋能作用，促进科研成果及时转化。对接金融政策，促进企业不断增强研发能力、生产能力、销售能力。

——坚持行业指导，社会参与。充分发挥行业协会指导、沟通、协调、监督作用，帮助企业加快发展，实施行业规范自律。充分调动社会各方广泛参与，"各炒一盘菜，共办一桌席"，共同助力产业发展。

——坚持高质量发展，增收富民。坚持"绿水青山就是金山银山"理念，帮助企业转变生产方式，按照高质量发展要求，促进产业发展、企业增效、农民增收、生态增值。

（三）主要目标

对标对表国家"十四五"规划和2035年远景目标纲要，设定到2025年、2035年两个阶段目标。

——到2025年，布局特色优势产业培育工程，先行试点，以点带面，实现突破性进展，取得明显成效。完成9个特色优势产业种养适生区的划定，推广"良种良法",建设一批生产基地。培育一批龙头企业、专业合作社和家庭农场等市场主体,建立重点帮扶企业库,发挥引领带动作用。聘请一批知名专家,建立专家库,做好科技支撑服务工作。培养一批生产、销售和管理人才,增强市场主体内生动力,促进形成联农带农富农的帮扶机制。

——到2035年,特色优势产业培育工程形成产业规模,实现高质量发展。品种和产品研发取得重大突破,拥有多个高产优质品种和市场占有率高的产品。种养规模与市场需求相适应,加工技术不断创新,产品质量明显提升,销售盈利能力不断拓展,品牌影响力明显增强。拥有一批品种和产品研发专家,一批产业发展领军人才和产业致富带头人,一批社会化服务专业人才。市场主体发展壮大,实现一批企业上市。联农带农富农帮扶机制更加稳固,为共同富裕添砖加瓦,作出积极贡献。

二、重点工作

围绕特色优势产业培育工程目标,以"培育重点企业、建立专家库、实施消费帮、搭建资金池、发布蓝皮书"为抓手,根据帮扶地区自然禀赋和产业基础条件,做好五项重点工作。

(一)培育重点企业

围绕中西部地区,特别是三区三州和乡村振兴重点帮扶县,按照全产业链发展的思路遴选一批产业基础好、发展潜力大、创新能力强的企业,建立重点帮扶企业库,作为重点进行培育。对有条件的龙头企业,按照上市公司要求和现代企业制度,从政策对接、金融支持、消费帮扶等方面进行重点培育,条件成熟的推荐上市。

(二)强化科技支撑

遴选一批品种研发、产品开发、技术推广、工艺研究等方面的专家,建立专家库,有针对性地对制约产业发展的"卡脖子"技术难题进行联合攻关。为企业量身研发、培育种子种苗,用"良种良法"助力企业扩大种养规模。加强产品研发攻关,提高产品品质和市场竞争力。充分发挥企业家在技术创新中的重要作用,鼓励企业加大研发投入,承接和转化科研单位研究成果,搞好技术设备更新改造,强化科技赋能作用。

（三）扩大市场销售

帮助企业进行帮扶产品认定认证,给帮扶地区产品提供"身份证",引导销售。利用促进会"帮扶网""三馆一柜"等平台和载体,采取线上线下多种方式销售。通过专题研讨、案例推介等形式,开展活动营销。通过每年发布蓝皮书活动,帮助企业扩大影响,唱响品牌,进行品牌销售。

（四）对接金融资源

帮助企业对接国有金融机构、民营投资机构,引导多类资金对特色优势产业培育工程进行投资、贷款,支持发展。积极与有关产业资本合作,按照国家政策规定,推进设立特色优势产业发展基金,支持相关产业发展。利用国家有关上市绿色通道,帮扶企业上市融资。

（五）发布蓝皮书

组织专家编写分产业的特色优势产业发展蓝皮书。做好产业发展资料收集、整理、分析工作,加强国内外发展情况对比分析,在总结分析和深入研究的基础上,按照蓝皮书的基本要求组织编写,每年6月前对外发布上一年度产业发展蓝皮书。

三、保障措施

（一）组建项目组

促进会成立项目组,制定《实施方案》并组织实施。项目组动员组织专家、企业家和有关单位,分别成立9个项目工作组,制定产业发展实施方案并组织实施。做好产业发展年度总结,编写好分产业特色优势产业发展蓝皮书。

（二）争取政策支持

帮助重点龙头企业对接国家有关产业政策、产业发展项目。协调相关部门,加大帮扶工作力度,争取将脱贫地区重点龙头企业的产业发展规划纳入国家有关部门和有关地区的专项发展规划并给予支持。争取各类金融机构对重点帮扶龙头企业给予贷款、融资优惠,助力重点帮扶企业加快发展。

(三)坚持典型引领

选择一批资源禀赋好、发展潜力大、市场前景广的种养基地作为示范种养典型,选择一批加工能力精深、技术先进、效益良好的龙头企业作为产品加工示范典型,选择一批增收增效、联农带农富农机制好的市场主体作为联农带农富农典型。通过典型示范,引领特色优势产业培育工程加快发展。

(四)搞好社会动员

建立激励机制,让热心参与特色优势产业发展的单位和个人政治上有荣誉、事业上有发展、社会上受尊重、经济上有效益。加强宣传工作,充分运用电视、网络等多种媒体,加大舆论宣传推广力度,营造助力特色优势产业培育工程的良好社会氛围。招募志愿者,创造条件让志愿者积极参与特色优势产业培育工程。

(五)加强协调促进

充分利用促进会在脱贫攻坚阶段取得的产业发展经验和社会影响力,协调脱贫地区龙头企业对接产业政策,动员产业专家参与企业技术升级和产品研发,衔接金融资源帮助企业解决资金难题。发挥行业协会的积极作用,按照公开、透明、规范要求,帮助企业规范运行,自我约束,健康发展。

四、组织实施

(一)规范运行

在促进会的统一领导下,项目组和项目工作组根据职责分工,努力推进9个特色优势产业培育工程实施。项目组要根据产业特点组织制定专家库、重点帮扶企业库的建设与管理办法、产业发展培育项目管理办法,包括金融支持、消费帮扶、评估评价等办法,做好项目具体实施工作。

(二)宣传发动

以全媒体宣传为主,充分发挥新媒体优势,不断为特色优势产业培育工程实施营造良好的政策环境、舆论环境、市场环境,让企业家专心生产经营。宣传动员社会各方力量，为特色优势产业培育工程建言献策。

（三）评估评价

发动市场主体进行自我评价，通过第三方调查等办法进行社会评价。特色优势产业培育工程项目组组织有关专家、行业协会、企业代表，对9个特色优势产业发展情况、市场主体进行专项评价。在此基础上，进行评估评价，形成特色优势产业发展年度评价报告。

CONTENTS | 目录

I

第二章

南疆核桃产业发展外部环境 / 059

第三章

南疆核桃产业发展重点区域 / 085

第四章

南疆核桃产业发展典型企业 / 117

第五章

南疆核桃产业发展的代表性产品/品牌 / 147

第六章
南疆核桃产业发展效益评价 / 163

第七章

南疆核桃产业发展存在的问题与对策 / 187

绪　论

一、蓝皮书编写背景与意义

新疆南疆地区作为我国核桃产业的核心产区之一，凭借得天独厚的光热资源、绿洲灌溉系统及悠久的种植历史，已成为我国最大的商品核桃生产基地、全球优质薄皮核桃的重要出口基地。截至2024年，新疆核桃种植总面积达640万亩，产量约144.5万吨，占全国总产量的22%以上，总产值超过170亿元，其中南疆地区的阿克苏、喀什、和田三大主产区种植面积约629万亩，产量约139.4万吨，贡献了全疆约96.5%的产量。

南疆地区形成了以阿克苏地区为核心的新黄金产业核心带，喀什地区的黄金产业潜力带和和田地区的黄金产业支撑带，800余万人以核桃种植、生产为主要经济来源，其中温宿、叶城、墨玉等县的农民收入40%以上直接来源于核桃，部分村落这一比例甚至超过50%。作为南疆地区的特色主导产业，核桃产业为巩固当地脱贫攻坚成果、助推乡村振兴、促进边疆稳定和民族团结发挥了重要作用。

在"双循环"新发展格局与"一带一路"倡议的推动下，南疆核桃产业迎来转型升级的关键期，国家及自治区层面持续加大政策支持力度，推动核桃全产业链升级。南疆地区核桃种质资源丰富，良种使用率超90%，采用大田种植模式，种植集中连片、地块平整，为机械化作业创造了先天优势，核桃栽培呈规模化、集约化趋势，核桃加工企业不断涌现，技术设备不断升级。'温185'核桃良种坚果凭借果形大、出仁率高、含油率高、易取仁等优势，成为国际核桃价格走向的标杆品种。与此同时，国际市场对绿色健康食品需求的增长，中欧班列的常态化运营，以及电商、直播等新业态的崛起，为南疆核桃拓展国内外市场提供了新机遇。

《中国南疆核桃产业发展蓝皮书》自2022年首版发布以来，已成为政府部门、科研机构及企业研判产业趋势、制定战略规划的重要参考资料。2024年版蓝皮书在延续前作框架的基础上，聚焦"高质量发展"主题，结合产业新动态、政策新导向、技术新突破，全面梳理南疆核桃全产业链的现状与挑战，旨在为产业提质增效、区域经济协同发展提供科学依据。

二、蓝皮书的连续性与创新性

（一）连续性：构建动态跟踪体系

本年度蓝皮书秉承"数据支撑、问题导向、对策引领"的编撰原则，在以下三方面实现与前作的有机衔接：

1. 数据连续性

更新2023—2024年种植面积、产量、加工产能、出口额等核心指标，纵向对比分析产业发展趋势。例如，2024年南疆核桃出口额达15亿元，较2023年增长16%，较2022年增长107%，进一步巩固其全国出口首位地位。

2. 问题追踪

针对2023年版提出的品种混杂、机械化水平低等问题，跟踪评估改良措施成效。如喀什地区通过疏密改造工程，2024年，密植园比例下降12%，亩均产量提升至210千克。

3. 政策衔接

系统梳理国家及自治区最新政策，如列举了2024年新疆维吾尔自治区党委一号文件《关于学习运用"千村示范、万村整治"工程经验有力有效推进乡村全面振兴的实施方案》，对做强核桃等优势特色产业的部署，确保对策建议与顶层设计的同频共振。

（二）创新性：回应产业发展新需求

2024年版蓝皮书在内容深度与广度上实现三大突破：

1. 技术前沿聚焦

在"农艺农机融合发展"章节，详述智能采收装备、水肥一体化技术、智能化监测与精准管理等创新应用。例如，对霍尔果斯新科机械制造有限公司研发的第三代"核桃集条机"和"清收机"（其采收效率较人工提升30倍）、新疆生产建设兵团通过高效栽培关键技术集成（使示范园产量提高20千克/亩）等典型案例进行了报道。

2. 市场拓展分析

深度解析跨境电商运营、中亚新兴市场潜力及"核桃+文旅"产业融合模式。2024年，新疆核桃依托直播电商销售额突破8亿元，同期文旅融合项目累计带动就业超10万人次，充分反映了产业跨界协同发展的强劲动能。

3. 产业发展指数分析

首次系统采集新疆地区企业第一二三产业数据，测算产业发展指数，并以2024年为基期开展持续性跟踪分析，旨在为南疆核桃全产业链从业者提供科学量化的产业发展评估依据与动态监测服务，助力企业精准把握市场趋势、优化资源配置，全面提升抗风险能力与核心竞争力。

三、调研方法与成效

为全面掌握南疆核桃产业链现状，中国乡村发展志愿服务促进会联合中国农业科学院、中国林业科学研究院、北京市农林科学院、新疆维吾尔自治区林业科学院、新疆农业科学院、塔里木大学、新疆农业大学、石河子大学、和田地区林草局等机构组建跨学科专家组，于2023—2024年开展深度调研，覆盖三大主产区19个县（市、区）：

（一）调研范围与内容

1. 种植环节

实地考察100余个不同规模的核桃种植园，采集品种性状、管理技术等数据，评估'温185''新新2'等主栽品种的生长状况、病虫害防治情况。

2. 加工环节

走访30余家加工企业、农民合作社，分析初加工设备效率、深加工产品附加值及副产物利用率。

3. 流通与销售

调研大型批发市场、电商平台及跨境物流节点，梳理"两张网"（疆内收购网、疆外销售网）运行情况，分析运行效率，对比传统销售渠道与电商等新销售渠道之间的收益占比情况。

（二）调研方法与技术支撑

1. 多源数据融合

系统整合《中国统计年鉴》《中国林业和草原统计年鉴》《新疆统计年鉴》《新疆农村统计年鉴》等权威年鉴资源，联动《新疆维吾尔自治区国民经济和社会发展统计公报》《中国海关统计月报》等官方发布数据，结合自治区及各地林草主管部门最新数据，构建涵盖"种植生产—精深加工—国内外消费"全产业链条的动态数据库。

2. 产学研协同

依托中国农业科学院、中国林业科学研究院、新疆维吾尔自治区林业科学院、新疆农业科学院及塔里木大学等科研平台，充分发挥科研机构实践调研优势与智库资源，联动不同规模的企业、生产基地、农民合作社，综合运用实地考察、联合攻关、数据问卷等多元化手段，系统剖析南疆核桃产业发展现状。通过深度挖掘产业痛点、梳理技术需求，精准研判产业升级方向与市场趋势，为南疆核桃产业高质量发展提供科学决策依据与前瞻性发展路径。

3. 案例深度剖析

通过典型企业介绍，梳理企业标准化种植基地建设、合作社专业化服务功能及农户订单化生产实践，剖析"企业+合作社+农户"产业融合模式。提出强化龙头企业技术辐射能力、完善合作社社会化服务体系、创新多元利益联结机制等新启示，推动形成"资源共享、风险共担、合作共赢"的可持续发展范式。

四、蓝皮书结构框架

《中国南疆核桃产业发展蓝皮书（2024）》在结构框架上与上年度蓝皮书基本一致，进一步系统梳理2024年度南疆核桃产业发展的进展与成效，剖析产业发展存在的问题，并研究制定南疆核桃产业发展指标、创新指标办法，构建了2024年度南疆核桃产业发展指数和创新指数。具体内容包括：绪论，主要阐明编撰背景、调研方法及全书框架，奠定产业分析的基调。第一章主要从种植、加工、销售、从业人员四维度全景呈现产业现状，重点介绍南疆核桃产业发展基本情况。第二章主要从政策环境、技术环境、市场需求和国内区域对比等角度剖析政策、技术、市场三大驱动力的协同效应，对比国家"木本油料战略"与自治区"林果提质工程"的政策落地成效。第三章至第五章，从南疆核桃产业发展的重点区域、典型企业、代表性产品/品牌等方面进一步聚焦，反映产业现状，介绍全产业链开发的经验做法，并讨论产业发展现状带来的新启示。第六章对南疆核桃样本企业进行评估，对产业发展指数、创新指数进行测算，并从行业引领、区域经济、农民就业增收、科技进步四方面量化产业贡献，评价南疆核桃产业发展效益。第七章对南疆核桃产业存在的主要问题进行分析，提出产业发展趋势与对策。附录列举了2024年南疆核桃产业发展大事，包括国家及自治区层面的新政策、重要研究项目、研究成果等。

五、结语

南疆核桃产业迈向高质量发展，是自然禀赋、政策红利与技术创新共振的成果，更是边疆地区实现生态保护与经济发展双赢的生动实践。《中国南疆核桃产业发展蓝皮书（2024）》以"稳根基、强链条、拓空间"为主线，既立足当前问题提出对策，又前瞻未来趋势谋篇布局，力求为决策者、从业者及研究者提供兼具理论深度与实践价值的参考。我们坚信，在多方合力下，南疆核桃必将从"西域珍果"跃升为"世界名片"，为当地联农带农富农、促进乡村振兴发挥更大作用。

第一章

南疆核桃产业发展
基本情况

　　中国南疆地区位于亚欧大陆腹地，独特的光热资源与绿洲灌溉系统孕育了世界级的核桃产业。作为我国薄壳核桃的核心产区，南疆以阿克苏、喀什、和田三个地区为中心，依托自然禀赋与政策支持，形成连片种植、规模化发展的产业带，构建起集种植、加工、销售于一体的全产业链体系，成为推动区域经济发展、促进农民增收、巩固生态屏障的重要支柱。自2020年农业农村部启动南疆薄皮核桃产业集群项目以来，中央累计投入财政资金2亿元，推动全产业链升级，通过建设初加工中心、仓储设施和精深加工项目，核桃附加值显著提升。本章将从种植、加工、销售渠道和模式，以及从业人员情况等方面，介绍南疆地区核桃产业发展的基本情况。

第一节　南疆核桃种植情况

一、种植区域分布

（一）三大主产区核桃种植面积情况

　　核桃作为新疆第一大林果树种，具有2000多年的栽培历史。截至2024年末，新疆核桃种植总面积约为640万亩，核桃干果总产量为144.5万吨。新疆核桃主要种植在南疆，以阿克苏地区、喀什地区、和田地区为主，三地种植面积约629万亩，产量约139.4万吨，占全疆核桃干果总产量的96.5%。南疆地区立地条件好，有完善的水利设施，工业污染少，光照时间长，有效积温高，昼夜温差大，生长季降雨少，空气干燥，利于果实成熟，又能抑制病虫害滋生。这种"强光照+高积温+大温差+可控水+洁环境"的五维协同效应，使当地核桃产业形成显著的品种优势：早实、丰产、皮薄、出仁率高。

　　截至2024年底，阿克苏地区核桃种植面积为270.95万亩，与上一年度相比增加了2.1%。核桃品种以'温185''新新2''扎343'等品种为主，其中，'温

185'种植面积最大,约占60%。喀什地区核桃种植面积为202.47万亩,与上一年度相比增加了12.9%。喀什地区核桃种植主要分布于叶尔羌河流域的叶城县、泽普县、莎车县、麦盖提县、巴楚县、疏附县、疏勒县等,主栽品种为'温185''新丰''扎343''新新2'等,其中,'温185'种植面积最大,约占34%。和田地区核桃种植面积为155.54万亩,与上一年度相比增加了1.1%。和田地区的墨玉县、和田县、洛浦县等,因核桃种植迅速发展,成为新疆核桃的主产区。核桃品种以'新丰'和'扎343'两个品种为主,其中'新丰'种植面积最大,约占42%。

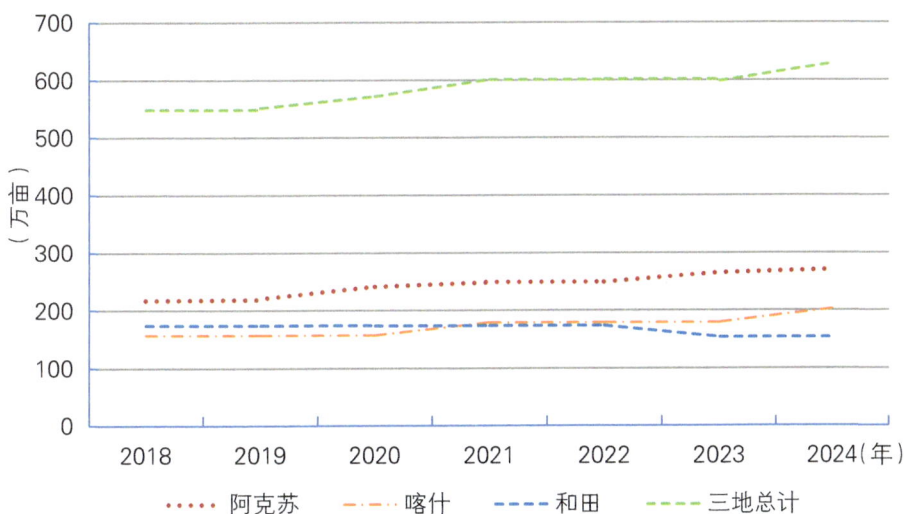

2018—2024年南疆主要地区核桃种植面积变化

(二)三大主产区产量情况

根据统计数据,2018年,阿克苏、喀什、和田三地核桃产量分别为35.07万吨、26.02万吨、24.34万吨;2024年,阿克苏、喀什、和田三地核桃产量分别为72.03万吨、43.30万吨、24.10万吨。三大主要产区核桃总产量保持平稳增长态势,阿克苏和喀什地区产量增长较快,年均增长率分别为12.9%和9.2%。阿克苏地区核桃种植面积和产量均位居南疆地区之首,其中,温宿县是阿克苏地区核桃产量最大的县,2024年温宿县核桃种植面积达86万亩,总产量达21.67万吨,占阿克苏地区种植面积和产量的31.74%和30.08%。

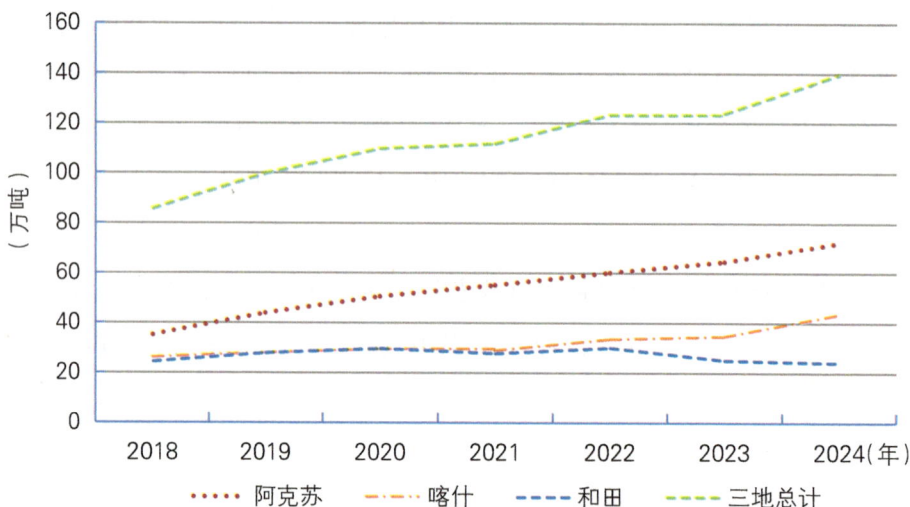

2018—2024年南疆主要地区核桃产量分析

二、品种与栽培模式

（一）南疆核桃主栽品种

南疆地区作为我国核桃产业的核心产区，凭借悠久的种植历史与丰富的种质资源，形成了以优质良种为主导的产业格局。目前，该地区主栽品种包括'温185''新新2''扎343''新丰'四大品种，良种使用率超过90%，品种化程度全国领先。

1.'温185'

该品种以早熟高产著称，8月末即可成熟。坚果圆形或长圆形，单果重11.2克，壳薄至1.09毫米，出仁率高达58.8%，含油率居南疆之首。核仁乳黄色、饱满香甜，兼具抗逆性强与机械化加工优势，是阿克苏地区的核心品种。

2.'新新2'

该品种凭借高产稳产特性脱颖而出，长圆形坚果单果重11.6克，出仁率53.2%，与'温185'搭配形成阿克苏地区集约化的栽培体系，盛果期亩产达250~300千克。

3.'扎343'

核桃坚果呈椭圆形或卵形,壳面淡褐色,光滑美观,平均单果重12~15克,壳厚为1.2~1.5毫米,出仁率51.8%。取仁易,可取整仁,果仁饱满,味香,口感细腻,适宜在肥水条件较好的地方栽植。

4.'新丰'

该品种成熟期为9月中上旬,果实呈短圆形,核桃壳比较光滑,单果重14~16克,壳厚约为1.3毫米。

近些年,各地区积极开展林果业全产业链提质增效工程建设,核桃白仁率超80%,空壳率、瘪仁率降至5%以下,推动面积、产量、质量"三增长"。其果实普遍具有出仁率高、内褶壁退化、易取整仁的特点,契合机械化加工需求,加之含油量、单果重等指标优于国内同类产品,显著提升了市场竞争力,奠定了南疆核桃在全国的龙头地位。

(二)南疆核桃栽培技术

南疆核桃栽培模式近年来呈现出显著的规模化、集约化转型特征。通过严格规范苗木繁育、病虫害防治、整形修剪和嫁接改造等栽培技术流程,不仅保障了林果加工业的原料品质与稳定供应,更形成了突出的规模效益优势。主产区高度集中在阿克苏、喀什、和田三大区域,占新疆核桃总产量的96.5%,其采用大田种植模式,种植集中连片、地块平整,为机械化作业创造了先天优势。

适用于标准化栽培建园式的品种包括:'温185''新早丰''新新2''扎343'等4个品种。'温185'与'新早丰'或'新新2'之间既为主栽品种,又互为授粉品种。其品种特点为:树势中等,树冠紧凑;坚果大小、果形、品质基本一致;在肥水充足的集约栽培管理条件下,丰产性强。

适用于农林间作及散生栽植的品种有:'扎343''新丰''新温81''新温179''新萃丰''新乌417'等6个品种。其中,'扎343'和'新温81'为这一组合的授粉品种。其品种特点为:树势强,树冠开张,适应性强,丰产稳产。

品种配置:在小区、村、乡、县,甚至几个县的范围内,应选用2个或3个能相互提供授粉机会的主栽品种，采用带间或行间的方式进行配置。如选择单一主栽品种，应按5~8行主栽品种配置1行授粉树（品种），原则上主栽与授粉品种之间的最大距离不得大于100米。

栽植密度：在南疆核桃生产中，主要栽培方式为农林间作和园式栽培两种。农林间作式定植密度，一般株距4~6米，行距8~10米，每亩11~21株。园式栽培株行距应小些，一般株距3~5米，行距4~6米，每亩22~56株。丰产园一般每亩不少于22株。对于早实核桃，因其结果早，树体较小，可按先密后稀原则规划密植，多采用3米×5米株行距定植，当株间出现交叉、郁闭光照不良时，可采用回缩、落头、夏秋摘心等措施，打开光路。严重交叉时，可进行隔株间伐，这种模式在新疆阿克苏地区推广最为普遍。如果在土壤瘠薄、肥力较差的沙砾土或荒漠上建园，还可适当增加密度。

栽植坑的规格为80厘米×80厘米×80厘米或100厘米×100厘米×100厘米，土质差的应予以换土，坑底应施入有机肥15~20千克，掺土混合，上面再放20厘米厚的土，以待栽植苗木。

三、肥水管理

（一）新疆干旱气候下的农业灌溉现状与节水需求

新疆地处干旱地区，农业生产高度依赖灌溉，形成典型的绿洲灌溉农业模式。长期以来，大水漫灌是主要灌溉方式，但随着水资源短缺问题日益严峻，发展节水灌溉技术成为保障农业可持续发展的必然选择。目前，新疆在棉花等经济作物，以及小麦、玉米等粮食作物的高效节水灌溉技术应用方面成效显著，推广面积位居全国前列。相较于传统的大水漫灌，节水灌溉技术节水率超过40%，显著提升了水肥利用效率，促进作物增产，并实现了水肥药一体化管理，同时为土地集约化、规模化经营提供了技术支撑，成为现代农业发展的关键要素。

（二）高效节水灌溉技术的作物应用拓展与技术难点

近年来，新疆的高效节水灌溉技术从大田作物逐步向核桃、枣树等特色林果业延伸。然而，由于林果类作物在生长特性、生理特征和根系分布上与大田作物存在显著差异,其需水规律和水肥管理要求也不尽相同。这种差异性为节水灌溉技术在林果业的推广应用带来了新的挑战,需要有针对性地调整技术方案和管理模式。

(三)南疆核桃园灌溉现状与发展瓶颈

南疆地区核桃种植广泛,但95%以上的核桃园仍采用大水漫灌的灌溉方式。落后的灌溉基础设施和果农根深蒂固的"大水大肥"管理观念,严重阻碍了节水灌溉技术在核桃种植领域的推广应用。灌溉不均匀、水资源浪费严重等问题长期存在,制约着核桃产业的高质量发展。

(四)南疆发展节水灌溉技术的重要意义

基于南疆地区水资源现状和农业发展需求,推广节水灌溉技术具有巨大的节水潜力和广阔的应用前景。这不仅有助于缓解水资源供需矛盾,还能推动农业生产方式转型升级,对实现南疆地区农业可持续发展和生态环境保护具有重要的现实意义。

四、花果管理及采收

(一)南疆核桃花果管理的环境挑战与现状

南疆属于干旱大陆性气候区,夏季高温、冬季寒冷、昼夜温差大,为核桃生长提供了优越的光热条件。然而,频繁的沙尘天气、花期高温及冬季冻害等自然灾害,常导致雌花柱头失水干枯,花粉活力下降,进而降低授粉受精率。此外,当地对授粉树配置比例及人工辅助授粉技术认知不足,进一步加剧了产量损失,影响核桃授粉受精与树体健康。

当前,南疆核桃种植以分散农户为主,核桃园普遍存在花果管理粗放问题,集约化果园占比不足20%,致使整体管理水平参差不齐。尽管近年来政府积极推动品种改良与技术推广,但传统粗放管理模式仍占主导,亟须进行系统性优化。在花果管理方面,除少量集约化园区对幼树实施疏花疏果外,多数核桃树未开展此项工作。研究表明,疏除90%~95%的雄花可显著减少养分消耗,提高坐果率与果实品质,但实际应用中仅部分区域在雄花芽膨大期进行人工疏除。

（二）南疆核桃修剪技术的应用与问题

受传统观念影响，南疆核桃修剪长期处于薄弱环节。多数果园定干后，未系统开展主枝选留、结果枝组培育及病虫枝修剪，导致树冠结构紊乱，通风透光性差，病虫害滋生风险升高。目前，南疆地区已形成较为系统的季节性修剪策略：秋季修剪以疏除过密大枝、干枯枝、病虫枝为主，旨在减少病虫害传播，优化树冠结构；春季重点修剪回缩光秃枝、衰老枝，促进新梢生长，但伤流问题仍制约冬季修剪的实施；夏季修剪针对二次枝、旺长枝进行摘心或轻短截，在6月中下旬及8月底分两次对50～100厘米的新梢摘心，促进花芽分化与木质化。然而，由于修剪时机与力度缺乏统一标准，部分果园因操作不当引发树势衰弱。

（三）南疆核桃采收时间与方法规范

受各地区物候期差异影响，南疆核桃采收时间并不统一。喀什地区、和田地区采收时间一般较阿克苏地区提前1周左右。为保证核桃品质，各地区林业部门依据品种特性制定了采收时间，严格禁止提前采收以及不分品种混合采收的情况出现。以阿克苏地区为例，当核桃青果皮由绿变黄、15%青皮开裂、容易剥离，且种仁饱满、幼胚成熟、子叶变硬时，即为最佳采收时期。各县（市、区）以乡（镇）为单位统一采收，采取分期分批、分品种单打单收的方式，单一品种需在一周内全部采摘完毕。根据各县（市、区）气候特点和当年物候情况，阿瓦提县、沙雅县的'温185''新丰'品种在8月25日前后，'扎343''新早丰'在9月5日前后，'新新2'在9月10日前后开始采收；阿克苏市、温宿县、新和县、库车市推迟5天开始采收；乌什县、拜城县则推迟10天开始采收。采收时，传统方法是用竹竿或带弹性的长木杆自上而下、从内向外顺枝击打果实，以避免损伤枝芽影响来年产量。同时，当地鼓励推行机械振动采收，以提高采收效率。

（四）南疆核桃果实分级标准

采收后的南疆核桃需按照《新疆核桃果品质量分级标准》进行分级。该标准要求坚果充分成熟，壳面洁净，缝合线紧密，且未经有害化学漂白处理，无虫蛀、出油、霉变、异味，无杂质。以单果重指标为例，不同品种有着明确的分级界限：特级果中，'温185'单果重量需大于14克，'新新2'单果重量大于12克，'扎343'单果重量大于15克；一级果中，'温185'单果重量12~14克，'新新2'单果重量10~12克，'扎343'单果重量14~15克；二级果中，'温185'单果重量10~12克，'新新2'单果重量9~10克，'扎343'单果重量12~14克。

五、病虫害防治

在南疆阿克苏地区、喀什地区、和田地区核桃主要面临"5虫1病"的危害，部分地区苹果蠹蛾危害也逐渐增多，近几年高发的核桃"焦叶症"在研究和防治方面也取得新进展。主要病虫害发生期及防治方法具体如下：

（一）叶螨（红蜘蛛）

1. 危害期：在7—8月为危害盛期。

2. 防治方法：

（1）农业防治：在核桃树萌发前，清理树干，刮除老皮并涂白，可以消除部分越冬成螨或卵。

（2）生物防治：利用当地深点食螨瓢虫和释放捕食螨来防治害螨。

（3）物理防治：园内悬挂黄板，诱集叶螨成虫。

（4）药剂防治：萌芽前或秋季落叶后，全园喷施3~5波美度石硫合剂（或20%的松脂酸钠可溶粉剂200~300倍液）。7—8月红蜘蛛在核桃上大量发生，叶片有虫率达30%以上，可喷施10%的虫螨腈悬浮剂2000~3000倍液。

叶螨（红蜘蛛）及其危害症状

（二）春尺蠖

1. 危害期：3月下旬孵化为幼虫，4月中旬是危害盛期。

2. 防治方法：

（1）农业防治：春季2月底春尺蠖雌虫羽化出土前，在树干离地面30厘米至50厘米处涂抹20厘米宽粘虫胶带阻止春尺蠖雌虫上树产卵。

（2）物理防治：成虫羽化初期在核桃园内架设黑光灯诱杀雄成虫。

（3）生物防治：当幼虫中2~3龄幼虫占50%时，喷洒16000 IU/mg Bt 可湿性粉剂，施药量为1500g/ hm²，兑水100千克。或2龄幼虫4~6头/50厘米枝，1~2龄及2~3龄幼虫占85%时喷施6.45×1011PIB/hm²~7.50×1011PIB/hm²春尺蠖核型多角体病毒。喷洒时，应按150g/hm²加入粉末状活性炭体为光保护剂。

（4）药剂防治：4.5%高效氯氰菊酯乳油1000~1500倍液+25%灭幼脲悬浮剂1000~2000倍液，叶面喷雾。

春尺蠖危害症状

春尺蠖成虫

（三）介壳虫

1. 危害期：树液流动后，介壳虫开始刺吸危害，4月中下旬介壳虫虫体开始迅速膨大，5—6月为高危害期。

2. 防治方法：

（1）农业防治：在核桃树休眠期，剪除受害较重的枝条，移出田间，集中烧毁。根据蚧类等越冬出蛰后向树上转移为害的习性，可在此虫出蛰前于主枝上涂粘虫胶环，阻止其上树为害，达到保护核桃树的目的。

（2）生物防治：保护和利用寄生蜂、瓢虫、草蛉等天敌昆虫，当天敌寄生率达到30%时严禁实施化学防治，避免杀伤天敌。

（3）药剂防治：萌芽前或秋季落叶后，全园喷施3~5波美度石硫合剂（或20%的松脂酸钠可溶粉剂200~300倍液）。虫卵孵化盛期至

介壳虫（枣大球蚧雌虫）

幼虫盛发期喷施40%噻嗪酮悬浮剂1000~1500倍液+20%的吡虫啉可湿性粉剂1000~2000倍液或22.4%螺虫乙酯悬浮剂1000~1500倍液+3%啶虫脒乳油1000~1500倍液防治。

（四）黄刺蛾

1.危害期：7月中旬、8月下旬危害严重。

2.防治方法：

（1）农业防治：4—5月结合核桃修剪工作剪除枝干上越冬的茧，并将其集中烧毁。

（2）物理防治：6月中旬至7月中旬越冬代成虫发生期，田间设置黑光灯诱杀成虫。

黄刺蛾幼虫

黄刺蛾成虫

（3）生物防治：用100亿孢子/克以上青虫菌粉（Bt菌株）1000倍液防治刺蛾幼虫。

（4）药剂防治：喷施25%灭幼脲悬浮剂1000～2000倍液或35%氯虫苯甲酰胺水分散粒剂7000～10000倍液防治。

（五）黑斑蚜

1. 危害期：6—8月为危害盛期。

2. 防治方法：

（1）农业防治：核桃树萌发前，修剪整枝，清理树干，刮除老皮并用涂白剂涂白，清除枝干上的越冬卵。早春可用清水直接冲刷核桃树树皮裂缝、叶芽和花芽等处的核桃黑斑蚜，降低虫口数量。

（2）物理防治：秋季核桃黑斑蚜迁飞时，可用塑料黄盘涂粘胶诱集。

核桃黑斑蚜若虫

（3）生物防治：发挥天敌的自然控制能力，利用瓢虫、草岭、寄生蜂等天敌昆虫防治核桃黑斑蚜。

（4）药剂防治：喷施20%的吡虫啉可湿性粉剂1000～2000倍液或40%氟啶虫酰胺·虫嗪水分散粒剂3000～4000倍液防治。

（六）苹果蠹蛾

1. 危害期：第一代幼虫危害期在5月中下旬到6月中旬，第二代危害期在7月中旬到9月上旬。

2. 防治方法：

（1）农业防治：8月中下旬在树干基部50厘米处缠绕30厘米宽束纸诱集越冬幼虫，11月初取下烧毁。在果树休眠期，刮除老翘皮并用涂白剂涂白。生长期内及时摘除树上的虫果，清理落地虫果，及时深埋或烧毁。

（2）生物防治：5月上旬、7月下旬，在果园悬挂苹果蠹蛾迷向散发器，降低苹果蠹蛾交配率,减少后代数量。

(3)物理防治:4月中旬至9月底,果园内架设频振式杀虫灯诱杀成虫。

(4)药剂防治:萌芽前或秋季落叶后,全园喷施3~5波美度石硫合剂(或20%的松脂酸钠可溶粉剂200~300倍液)。5月上中旬至6月上旬、7月下旬至8月上旬2个阶段,即幼虫孵化后蛀果前,可选用3%阿维·高效氯氰菊酯乳油800倍液喷雾防治。

苹果蠹蛾成虫

苹果蠹蛾危害症状

(七)核桃腐烂病

1.危害期:全年危害,春季3—5月和秋季8—9月为危害盛期。

2.防治方法:

(1)农业防治:加强肥水管理,增强树势;加强整形修剪,保持通风透光环境。结合修剪及时清理果园,清除病枝、枯枝、死树,并移出果园,集中烧毁。

(2)药剂防治:用2~3波美度石硫合剂,或50%甲基硫菌灵可湿性粉剂50

核桃腐烂病危害症状

倍液进行涂抹消毒，然后用80%波尔多液可湿性粉剂涂抹，保护伤口。

（八）核桃焦叶症

核桃焦叶症是一种发病初期在小叶叶缘或叶尖出现失绿焦枯，随后逐渐向叶心蔓延，严重时整个叶片或整株叶片焦枯的病害。该症状在焦枯前未见叶片萎蔫，焦枯后少见落叶，无明显发病中心和传染性，呈零星或带状分布，是一种由非生物因子引起的生理性病害。中国林业科学研究院裴东团队深入解析了新疆核桃焦叶症的关键促发因子，通过技术创新、新产品创制、应用示范等手段，研发出两种焦叶症高效防控制剂，分区分级集成了核桃焦叶症综合防控技术。在阿克苏、和田、喀什南疆三地区建成5个1216.8亩的核桃焦叶症核心防控试验园，开展示范推广5400亩，综合防效超90%，在试验示范区基本实现了焦叶症的可防、可控、可治。具体防治措施如下：

1. 危害期：夏季高发，始于一次新梢停长前后，至二次新梢萌发前达峰值。

2. 防治方法：

（1）春季萌芽期（3月底至4月初）：开沟或多点穴施，施入有机肥（2方/亩）与核桃焦叶症制剂（4千克/株）。

（2）果实膨大期（5月中旬至6月上旬）：在果实膨大期喷施叶面肥1次。

核桃焦叶症症状

（3）硬核和油脂迅速转化期（6月中旬至8月上旬）：① 6月中旬至7月中旬，喷施5%高氯·甲维盐、8%胺鲜酯和37%苯醚甲环唑防治核桃腐烂病和尺蠖。开沟或多点穴施，施入有机肥（2方/亩）与核桃焦叶症制剂（4千克/株）。②防治腐烂病，发现腐烂病病斑及时刮除，并涂抹甲基硫菌灵。

（4）落叶后期：在11月底对核桃园清园，剪除核桃树上的病枝，清除病叶、病果等病残体，并喷施29%石硫合剂。同时开沟或多点穴施有机肥（2方/亩）。

六、农艺农机融合发展

新疆南疆地区作为我国重要的核桃主产区，近年来通过农艺与农机的深度融合，推动了核桃产业的提质增效和现代化转型。以下是南疆核桃农艺农机融合发展的主要情况：

1. 疏密调整与科学种植

温宿县托万克托甫汗村通过组织核桃疏密培训活动，推广合理种植密度管理技术。专家结合地形、光照等因素指导疏密调整，帮助农户解决传统种植中因密度不当导致的产量低、品质差等问题。例如，村民通过实践将疏密技术应用于自家果园，显著提升了核桃产量和商品率。

2. 高效栽培技术集成

新疆生产建设兵团科技局支持的"南疆核桃高效栽培关键技术集成"项目，通过低产园改造、林下间作等农艺措施，使示范园产量提高20千克/亩，个别示范园亩产达468千克。同时，项目引入生物防控和绿色生产模式，减少农药使用，提升核桃品质。

3. 机械化修剪、采收与加工技术突破

（1）修剪机械研发与应用

受核桃栽培方式、经营方式、研发投入等多因素的限制，我国核桃的机械化修剪尚处于试验、研发及起始应用阶段。在机械辅助修剪上，有电动修枝剪（锯）的使用和多功能作业平台的实验性应用，如新疆农业科学院研发的多功

能升降作业平台。在修剪设备方面，新疆农业科学院农业机械化研究所研制了JP-55型高效液压圆盘修剪机，但自动化、智能化程度高且适用性强的成套修剪设备仍待研发。

YSZ-5型自走式多功能升降作业平台

JP-55型高效液压圆盘修剪机及作业效果

（2）采收集条机与清收机

霍尔果斯新科机械有限公司研发的第三代"核桃集条机"和"核桃清收机"采收效率飞跃提升，较人工速度提升约30倍。"核桃集条机"采用扫雪机的设计思路，通过两侧辊刷将地面的核桃、树叶等归拢成一线，随后"核桃清收机"将核桃与杂物一并拾起并完成分选分离。核桃清收设备研发成功填补了新疆核桃农机市场空白。目前，摇树机已经在新疆核桃种植区广泛使用，但核桃落地后的清收工作主要依靠人工捡拾完成，每人每天可完成1~1.5亩，人工成本在150~200元不等。2024年秋，温宿县核桃示范田进行了现场公开演示和验证,"核桃集条机"和"核桃清收机"每天可完成清收作业50亩以上,速度是人工的30多倍,收净率大于90%,每亩可降低人工采收成本110元。温宿县等地已广泛采用此类机械,保障了大规模核桃园的高效采收。

核桃集条机作业

核桃清收机作业

(3)背负式振动采收装备

该设备由新疆农业科学院农业机械化研究所研制,可用于核桃机械化摇振采收,适用于树体直径为300毫米以下,栽培模式为6米×8米及以上株行距的核桃园。采用拖拉机悬挂式结构,外形尺寸(长×宽×高)3700毫米×1000毫米×2130毫米,配套动力大于48.3千瓦,夹持点振幅≤2厘米,夹钳振动频率8~12赫兹,生产率60~70茎秆/小时,落果率90%~95%,在振摇机摇臂下方配备可展开的倒伞状篷布,可以收集大部分落果。

背负式振动采收装备

（4）加工设备升级与产业链延伸

在初加工方面，阿克苏市50余家加工企业引入自动化脱皮、清洗、分选和烘干生产线。例如，库木巴什乡核桃交易中心通过扩建生产线，年加工能力达1.3万吨青皮核桃，并推出脱衣核桃仁等高附加值产品，销往北京、上海等地，年销售额突破700万元。

在深加工方面，北京强佑企业厚生科技集团在温宿核桃全产业链科技园采用洛阳兆格环保科技有限公司研制的新型全连续卧式液压榨油机，采用端面出油及PLC全自动控制系统，实现核桃连续进出料，出油率可达85%以上。在饼粕残油要求15%左右时，单台榨机每天24小时最大处理量约6.5吨，与普通液压机相比效率大大提高。该设备采用低温压榨工艺，核桃蛋白不易发生热变

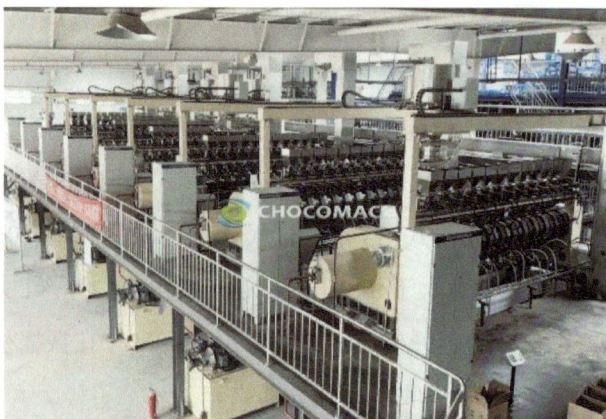

全连续卧式液压榨油机

性,为核桃后续的精深加工提供有力保障。2024年,"日处理45吨脱衣核桃仁连续液压低温压榨生产线"全自动液压核桃榨油机初步调试成功。

4.智慧农业与全流程管理

（1）智能化监测与精准管理

南疆部分地区引入智能虫情测报灯、气象站等设备,实现土壤墒情、病虫害的实时监测。例如,温宿县通过数据指导灌溉和施肥,优化核桃生长环境,使单株结果量、产量增长显著。

（2）农机农艺融合服务模式

合作社提供农机托管服务,针对小规模种植户统一调配机械资源。例如,丹江口市的"机耕托管"模式被借鉴至南疆,通过订单收集和农机共享,既降低农户成本,又提高机械使用效率。

5. 政策支持与产学研协同

自治区林业科学院联合塔里木大学等机构,开展核桃产业技术体系研究,重点突破机械修剪、采收等环节的技术瓶颈。例如,张锐团队通过"加工销售产业化示范"项目,培训2000余人次,推动兵地融合与技术落地。

6. 成效与展望

目前,南疆核桃种植面积约640万亩,年加工能力达53万吨,全产业链产值持续增长。未来,随着智能农机推广（如无人机监测、自动化修剪设备）和农艺标准化的深化,南疆核桃产业将进一步向集约化、品牌化方向发展,助力乡村振兴与农民增收。

通过农艺优化、机械赋能和全产业链升级,新疆南疆地区传统农业向现代化转型,为全国核桃产业的高质量发展提供了示范。

七、南疆商品核桃基地建设

南疆地区作为我国核桃产业的核心产区,近年来通过政策引导、资金支持和技术创新,持续推进商品核桃基地建设,形成了覆盖种植、加工、销售的全产业链体系。以下是其建设情况的具体分析:

（一）政策与资金支持

2020—2022年，农业农村部、财政部将南疆薄皮核桃列入国家级优势特色产业集群建设项目，阿克苏、喀什、和田三地的7个县（市、区）（包括温宿县、叶城县、墨玉县等）被列为产业优势区，中央财政累计投入奖补资金2亿元，撬动社会资本形成全产业链发展模式。至2022年，产业集群年产值突破百亿元，覆盖种植、加工、品牌建设等环节。

（二）品牌建设与市场拓展

阿克苏地区依托'温185''新新2'等优质品种，打造"阿克苏核桃"区域品牌。通过参加国内外展销会，拓展高端市场，同时发展电商和冷链物流，实现鲜果48小时内送达一线城市。

（三）规模化种植与区域协同

南疆核桃种植面积约640万亩，产量占全国总产量的20%以上。墨玉县作为核心产区，核桃种植面积40.66万亩，2024年产量达7.67万吨；叶城县种植面积64.21万亩，年产量14.73万吨，均通过标准化基地建设和良种推广（如'温185''新丰'等品种）实现质量与效益双提升。

（四）技术升级与示范园推广

通过建立核桃高效栽培示范园（如墨玉县1.9万亩示范园），推广精修剪、林下间作等技术，亩均产量从180千克提升至210千克，优质果率从68%提升至80%以上。新疆生产建设兵团科技局实施的"南疆核桃高效栽培关键技术"项目，使示范园产量达468千克/亩，带动农民每亩增收400元。

（五）良种覆盖与品种优化

墨玉县良种覆盖率达98.3%，叶城县通过引进深加工企业形成"一产接'二'连'三'"的产业链布局。标准化技术措施包括病虫害防治、科学施肥等，显著提升核桃白仁率（从20%升至60%）。

南疆商品核桃基地通过产业集群建设，实现了从传统种植向全产业链现代化的跨越，成为乡村振兴的重要引擎。未来需进一步强化科技研发、品牌国际化及抗风险能力，巩固其在全球核桃产业中的领先地位。

第二节　南疆核桃加工情况

一、核桃初加工（干制、制仁）

（一）加工产能及规模

按照自治区党委和政府关于林果业发展的总体部署，新疆核桃产业呈现出良好的发展态势。经过近年的不断优化、调整、发展，新疆核桃产业已初步完成基地建设规模扩张的任务，正在由初级产品向加工转化、产品升级换代、市场开拓方向转变。一个拥有规模效应、突出区域地方特色、符合产业化发展、具有一定市场竞争能力的核桃产业框架已基本形成。

目前，南疆地区核桃精深加工程度总体较低，仍以初加工为主。调查发现，南疆绝大多数的企业只开展核桃初级加工业务，主要是利用机器对青皮核桃进行脱青皮、清洗、烘干处理，加工成带壳核桃原果；或进一步将带壳核桃经脱壳、壳仁分离后，加工成核桃仁，并进行粗略大小分级和简单包装。南疆核桃主产区各县（市、区）企业核桃初加工现状如表1-1所示。

表1-1　南疆核桃主产区各县（市、区）企业核桃初加工现状

地区	企业名称	加工产品	收购原果数量（吨）	加工能力（吨/年）
阿克苏	阿克苏浙疆果业有限公司	核桃仁、风味熟制纸皮核桃、核桃枣泥糕	13500	20000
	阿克苏裕农果业有限公司	核桃原果、核桃仁加工	16000	50000
喀什	新疆美嘉食品饮料有限公司	核桃清洗、破壳取仁，代加工炒制多味核桃	1300	20000
	新疆杰品农业科技有限公司	核桃仁加工	8300	10000
	喀什疆果果农业科技有限公司	核桃仁休闲食品	5000	10000
和田	新疆和田果之初食品股份有限公司	核桃产品收购、加工、销售	2500	5000
	和田惠农电子商务有限公司	核桃仁、调味核桃仁等产品	10000	20000

下面，我们以阿克苏浙疆果业有限公司（以下简称"浙疆果业"）为例略作说明。公司成立于2018年7月，主要产品有纸皮核桃、核桃仁、核桃油、核桃枣泥糕等四大系列80余个单品。浙疆果业构建了核桃产业"公司+合作社+农户"的模式，在阿克苏市建成"国家级优质核桃基地"达2万亩，在乡（镇）建成卫星工厂1个，形成核桃"初加工在乡（镇）、深加工在园区"的发展格局。企业加工核桃超过1万吨，目前有6条脱衣核桃仁生产线，日产脱衣核桃仁达6吨，多口味纸皮核桃设计产能80吨/天，核桃油产能为2吨/天，全年销售额1.5亿元。浙疆果业致力于成为阿克苏地区农产品加工的领军企业，其优势是销售渠道发达，主要对接江浙沪等电商发达地区。

再如，阿克苏裕农果业有限公司成立于2019年8月，注册资本4285.7万元，主营农产品的收购、加工及销售、仓储物流服务、干鲜果品的销售及网络销售、市场开发与管理服务业务。公司在温宿县恰克拉克乡投资1.7亿元，建设温宿县核桃仓储加工集配中心，占地面积300亩，建设经营服务设施面积6万平方米，累计购销、加工、交易林果产品5万吨，辐射带动基地24.5万亩。通过自营业务、农民专业合作社、卫星工厂、农民经纪人等方式，直接、间接带动8万农村人口增收，对促进温宿县核桃产业发展起重要作用。

（二）主要加工技术及设备

目前，南疆核桃加工产业为先采摘、后加工的初加工模式，即依靠人工作业将核桃采摘后进行脱青皮、清洗、晾干、分级、破壳等工序，加工效率低，造成大量未及时处理的核桃果仁发霉、商品化率降低。近年来，新疆农业科学院及企业通过技术创新，研发了核桃脱青皮、清洗等初加工装备。

1.卧式青核桃脱皮机

卧式青核桃脱皮机主要采用刀片划切输送、板刷刮刷挤压揉搓的脱青皮原理，可根据核桃种类、尺寸来调整板刷与链板输送机的夹角，有效降低核桃果壳破碎率，提高青皮脱净率。该机已推广到了云南、甘肃、陕西、山西、山东、湖北等地，优点是生产率高，可达到5吨/时，缺点是构造复杂，成本较高。

6TH-3000型卧式青核桃脱皮机

2. 离心筛网式核桃脱皮机

离心筛网式核桃脱皮机具有无间隙调节的优点,结构简单,成本较低,对青核桃的大小、种类和成熟度的要求较低,设备生产成本低,适应性强。缺点是不能连续作业,需要间歇式喂料和出料。该机目前主要推广到阿克苏、和田、喀什等地区。

离心筛网式核桃脱皮机

3. 窝眼干法切削式脱皮机

窝眼干法切削式脱皮机的优点是设备成本低,适应性较强,可多台配套在生产线中使用,也可以单机使用,目前是南疆市场主要应用机型。

6TH-5000型窝眼干法切削式脱皮机

4. 核桃清洗机

目前，国内核桃清洗基本采用毛刷清洗。清洗机工作时，在多组毛刷辊的作用下核桃不断滚动，核桃之间相互摩擦，经毛刷刷洗，同时受一定压力的水流冲洗，核桃表面残留的青皮、汁液、泥土及其他污物被清洗干净，再经设备推送至出料口。该机既能作为单机使用，也可多台配套在生产线中连续加工。

6XH-600型核桃清洗机

5. 核桃脱皮清洗生产线

由新疆农业科学院农机所研制的6TH-3000型核桃脱青皮清洗成套设备、6TH-2000型核桃脱皮清洗成套设备，可同时实现青核桃的大小分级、脱青皮、清洗、青皮的分离输送。清洗后的核桃可晾晒或烘干。该生产线适合处理不同大小和品种的核桃,可连续式加工,生产率高,核桃脱净率高、破碎率低,适合大中型企业使用。目前,已应用到新疆22个核桃主产县,以及云南、甘肃、陕西、山西、山东、湖北、四川、北京等8个核桃主产地。

6TH-3000型阿克苏西域宝果品有限责任公司安装的生产线

6TH-2000型温宿县绿佳园农产品专业合作社安装的生产线

6. 核桃干燥技术及装备

南疆核桃加工多采用传统干燥方式,如自然干燥、热风干燥、热泵干燥等。多数合作社仍采用自然晾晒,一些大型企业如阿克苏裕农果业有限公司采用核桃热泵干燥池;新疆和田果之初食品股份有限公司采用的是核桃电热烘干池。传统干燥方式存在效率低、干燥过程难以控制等缺点。随着干燥技术的发展,太阳能干燥、红外干燥、微波干燥、射频干燥等新型干燥技术逐渐用于核桃干燥。同时,综合不同干燥手段发展而来的联合干燥技术,不仅可弥补单一干燥技术的不足,还可达到更佳的干燥效果。

核桃热泵干燥烘干池（阿克裕农果业有限公司）

5HH-3000型核桃电热烘干池（新疆和田果之初食品股份有限公司）

核桃干燥设备可由若干单体组成，实现连续化加工和自动化装卸料，节省大量劳动力和加工成本，适合大型企业使用。与盘式烘房相较，其装载量大，

5HH-1500型中型核桃箱体烘干设备（电热）

占地面积小，效率高，需要的劳动力少，加工成本不足盘式烘干房的一半。与广泛采用的自然晾晒方式相比，干燥时间缩短90小时以上，同时可确保核桃均匀干燥，避免核桃壳炸裂与核桃仁变色等问题。

7. 核桃分级分选技术及装备

目前，常见的分级方法主要有按照果品重量、尺寸两种标准。按重量分级是通过调节倾翻力矩大小将果品分级或利用气力作用，将瘪壳、空壳吹走或吸走。按尺寸分级就是根据果品的大小进行分级，常见装备有打孔带、栅条滚筒及叉式分级、滚杠间隙分级等。新疆

6XG-2000型核桃分选机（气吸式）

农业科学院农机所推广的6XG-2000型核桃分选机，可以单独使用，也可几台联合使用。核桃去空壳机通用性强，生产率和去空壳率高，损失率低，主要在和田、阿克苏地区推广应用。

北京林业大学推广了一款具有自动检测与分选能力的核桃无损检测清选设备，可以同时检测外观缺陷和霉变核桃，并将其分选出去。

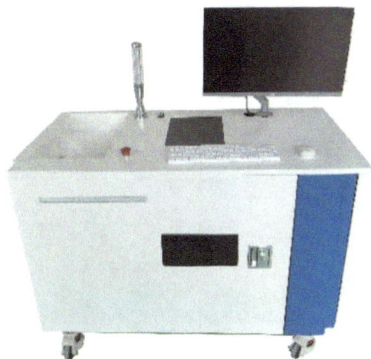

核桃无损检测清选设备

8. 核桃破壳、壳仁分离技术及装备

南疆核桃机械破壳的常用方式有挤压、撞击、碾搓和剪切等。新疆农业科学院农机所研制的平板挤压式核桃破壳机，采用了一对端面呈倾斜、上宽下窄的破壳板作为核桃破壳工作部件。锥篮式核桃破壳机，通过手柄调节内外破壳体间隙和夹角，从而适应不同级别大小的核桃破壳。该机是美国采用的主要机型，在云南、山西、新疆等主产地有一定的应用。

平板挤压式核桃破壳机   锥篮式核桃破壳机

9. 核桃破壳、壳仁分离技术及成套装备

新疆农业科学院农机所研制的6HT-200型、6HT-600型、6HT-3000型核桃破壳、壳仁分离加工成套设备。可根据核桃大小、品种的不同进行适当调

6HT-200型核桃破壳、壳仁分离加工成套设备   6HT-600型核桃破壳、壳仁分离加工成套设备

节，依次实现核桃破壳，以及核桃仁与果壳的大小分级，核桃仁、壳与隔膜的分离。设备可将核桃仁按大小分为1/2、1/4、1/8、1/16四等，果壳由出壳口单独排出，适合企业规模生产。

6HT-3000型核桃破壳、壳仁分离加工成套设备

（三）主要产品及创新

核桃初级加工产品主要是核桃原果和核桃仁。通过核桃加工技术的提升，主产区核桃脱青皮加工率由过去的不足20%提升到70%以上，有效解决传统堆沤脱皮导致核桃仁发黄、发黑等问题，核桃白仁率、商品化率和附加值大幅提升。目前，新疆75%以上的核桃用于带壳销售，20%用于青皮销售，5%用于加工取仁，产业链条亟须延伸拓展，二、三产产值与一产产值之比为1.15∶1，核桃加工流通领域的开发利用空间较大。

1. 原味核桃坚果

南疆作为我国核桃主产区，核桃种植面积大、品种丰富、果仁饱满、营养丰富，在市场上深受消费者喜爱。阿克苏温宿县出产的薄皮核桃'温185'，被授予"中华名果"称号，是中国特色标志产品。具有个儿大、壳薄，一捏就碎，果仁大而饱满等特点，在外观品质和营养品质上具有很大的优势。

2. 风味核桃坚果

新疆纸皮核桃，皮薄、肉满、油多、香香脆脆、无涩味，蛋白质含量高，核桃外壳一捏就碎，深受消费者喜爱。除无糖无盐、不含任何添加剂的原味核桃外，将核桃与各种香辛料混合炒制，便得到了风味核桃。

新疆'温185'纸皮核桃、椒盐核桃、奶香烤核桃

3. 原味核桃仁

核桃果仁中含有15%的蛋白质，含有7种以上人体必需的氨基酸且含量高达25%以上，还含有人体所需的22种微量元素，其中钙、镁、磷、锌、铁含量十分丰富。

4. 混合坚果仁

坚果的种类比较多，比如核桃、开心果、巴旦木仁、腰果、西瓜子、葵花籽、南瓜子、榛子等。将多种坚果仁经过科学配比混合在一起，便得到了混合坚果仁。这种商品形式可满足人体营养所需，避免一次性摄入过多导致肠胃不适，受到消费者的欢迎与喜爱。

目前，我国混合坚果行业的产品，以混合"果仁+果干"制成的小袋装产品为主，也可以说行业产品以"每日坚果"为代表的系列产品为主。

5. 脱衣核桃仁

核桃仁外有一层呈深浅不一的淡黄色、黄色或褐色薄皮，称为核桃内种皮。核桃内种皮由于富含多酚物质，会影响口感，产生轻微苦涩味。采用高

原味核桃仁、混合核桃仁、脱衣核桃仁

压射流技术、超声波清洗、多光谱色选等物理脱衣方式，可加工得到脱衣核桃仁。

6. 风味核桃仁

在南疆众多核桃产品中，风味核桃仁因口味极佳，营养丰富，食用方便，备受企业与消费者喜爱。市场上销售较多的风味核桃仁大致有三种风味：原味、甜味、咸味。原味，为不经过处理的核桃仁；甜味，以琥珀核桃仁为代表；咸味，以椒盐核桃仁为多。

风味核桃仁

二、核桃深加工（油、蛋白、活性成分）

（一）加工产能及规模

结合新疆核桃大面积种植情况以及市场的发展前景，要想进一步发挥核桃产品的综合价值，就要采取深加工的方式，制成核桃油、核桃粉、核桃乳等产品，以及多种多样的食品和保健品，提高核桃资源的利用率和使用价值。目前，南疆核桃加工产品的种类有限，尤其是深加工产品更少。以核桃油产品为例，生产核桃油产品的企业多数不将核桃油作为主要产品，库存量小，与近年来新疆核桃产量大幅提高的趋势不协调，制约核桃产业的健康有序发展。南疆核桃主产区各县（市、区）企业核桃深加工的现状如表1-2所示。

表1-2　南疆核桃主产区各县（市、区）企业核桃深加工的现状

地区	企业名称	加工产品	加工能力（吨/年）
阿克苏	阿克苏浙疆果业有限公司	核桃油	600
	阿克苏晟鼎油脂有限公司	核桃油	3000
	北京强佑企业厚生科技集团	核桃油、核桃壳深加工	15000（油）50000（壳）

续表

地区	企业名称	加工产品	加工能力（吨/年）
喀什	新疆美嘉食品饮料有限公司	核桃乳、核桃粉、核桃油、核桃休闲食品等	12000
	喀什光华现代农业有限公司	核桃油、核桃蛋白粉、核桃酱等	5000
和田	新疆和田果之初食品股份有限公司	核桃油、核桃休闲食品	300
	和田惠农电子商务有限公司	核桃油、核桃蛋白等产品	3000
	新疆大智慧核桃食品有限公司	核桃油、核桃粕、核桃仁衣系列产品	20000

以新疆大智慧核桃食品有限公司为例略作说明：该公司作为一家集核桃油生产、研发、销售及核桃油副产品深加工于一体的现代化核桃油生产企业，拥有核桃种植基地10000余亩，设有3个分厂、6条现代化低温压榨核桃油生产线，在江苏、上海、山东设置疆外仓，有技术工人、生产工人共230多人，基地及合作社种植工作人员共500多人，年生产核桃油1万吨。该公司有电商平台24个，带货直播团队1个，核桃油主要销往北京、上海、深圳等一线城市。

再如，喀什光华现代农业有限公司作为一家主要经营核桃精深加工产品的公司，连续4年获批成为科技型中小企业，公司产品主要包括核桃油、核桃粉、核桃酱及核桃休闲食品等核桃系列产品，拥有自动核桃油低温压榨生产线3条，罐装和过滤生产线各1条，核桃酱研磨过滤生产线1条，核桃粉生产线1条，核桃休闲食品生产线1条。通过与疆内外高校和科研单位的深入合作，不断开展工艺和产品创新，设计的规模化研磨法低温核桃油、核桃粉、核桃酱联产生产线，使核桃总体利用率提高至92%。同时，公司还进一步进行核桃油、核桃蛋白多用途研发工作，开发了具有益智、降尿酸功能的核桃多肽，具有降低血脂功能的核桃甘油二酯油，以及3.0%蛋白含量的核桃乳饮料。公司年消化喀什地区核桃约5000吨，产值1.5亿元，带动上下游合作社、种植户20个以上。

（二）主要加工技术及设备

目前，南疆核桃深加工方面以核桃油、核桃粉和核桃仁休闲产品为主。核桃油的制取方法比较多，包括压榨法、溶剂浸出法、水代法、超临界流体萃取法等多种方式，以及精炼技术和防氧化技术等。新疆核桃油生产企业规模不一，工艺条件差别较大，技术水平参差不齐，导致核桃油品质特性差异明显。核桃粉的生产技术一般分为喷雾干燥法和超微粉碎法两种。

1. 核桃油压榨技术

压榨法是利用机械压榨原理将核桃中的油脂挤出，常用设备有液压榨油机和螺旋榨油机。液压榨油机在低于65℃的条件下进行核桃压榨，可保留核桃油中完整的营养成分，使油饼中的蛋白质不发生变质；但劳动强度大，生产效率相对较低。螺旋榨油机加工时，在螺旋叶片的旋转推动下不断将核桃推入压榨区域内，挤压出的油通过缝隙流出，剩余的核桃残渣形成油饼排出；虽然可以规模化生产，但由于压榨过程温度过高，易使蛋白质发生变质，使核桃油缺少应有的营养成分。

压榨法生产核桃油的加工工艺流程为：核桃仁→预处理→压榨→毛油→精炼提取→成品核桃油。

核桃油压榨成套设备

2. 核桃油浸出技术

浸出法是将核桃油料破碎压成胚片或者膨化后，用常用的正己烷等有机溶剂，将核桃油料中的油脂萃取溶解出来。该方法生产效率较高，适用于工厂大批量地生产，但易引起蛋白质的变性，且毛油普遍含磷脂、游离脂肪酸及农药残留物，必须精炼后才可食用。

浸出法生产核桃油的加工工艺流程为：核桃仁→预处理→溶剂提取→脱除溶剂→毛油→精炼提取→成品核桃油。

3. 核桃油超临界流体萃取技术

超临界流体萃取法是利用超临界流体为溶剂，从固体或液体中萃取有效组分并分离的方法。该方法具有生产流程简单、萃取效率高且产油质量好等优点，克服了压榨法产油率低、制取工艺烦琐且成品质量不理想等缺点。但是超临界流体萃取设备属于高压设备，投资成本较高，目前大规模使用仍然有限。

超临界流体萃取核桃油的加工工艺流程为：核桃仁→除杂→清洗→烘干→粉碎→过筛→称量→装料→萃取→减压分离→成品核桃油。

300L超临界萃取设备

4. 核桃油精炼技术

核桃油精炼技术是采用物理和化学的方法去除毛油中的杂质，一般有脱胶、脱酸、真空干燥、脱色、脱臭等流程。

核桃油精炼加工工艺流程为：核桃仁原料→脱壳→破碎→加热→压榨→核桃毛油→粗滤→脱胶→脱酸→脱色→过滤→脱臭→真空干燥→精滤→抗氧

化→灌装→成品核桃油。

5. 核桃油防氧化技术

由于核桃油中的不饱和脂肪酸含量较高,因此在生产加工和贮藏过程中易酸败,产生过氧化物,进而降解并挥发、气味难闻。在现代的生产过程中,可加入抗氧化剂,如特丁基对二酚、维生素E和维生素C等。此外,还可采用排出氧气、冷藏贮存、加入茶多酚及不透明包装等防氧化的技术措施。

6. 核桃粉生产技术

核桃粉的生产技术一般分为喷雾干燥法和超微粉碎法两种。喷雾干燥法是最主要采用的方法之一,生产的核桃粉颗粒蓬松多孔,流动性好、溶解性好,在冲调时能快速溶解不易结块分层。超微粉碎法生产核桃粉的加工工艺较为简单,能节省一定的投资成本,加工的核桃粉表面吸附能力强,分散性和溶解性更好。这两种加工方法相比,超微粉碎法能降低生产成本,更有应用前景。

(三)主要产品及创新

1. 核桃油

核桃油是一种营养价值特别高的食用油,其中人体必需的脂肪酸含量高达70%以上,特别是α-亚麻酸含量远高于花生油、玉米油等常用植物油。南疆加工核桃油的企业和农民合作社不在少数,但产能都较小,年设计产能超过千吨的仅喀什光华现代农业有限公司、新疆天下福生物技术有限公司等为数不多的几家企业。其中,喀什光华现代农业有限公司采用规模化研磨法低温制取核桃油,构建核桃油、核桃粉、核桃酱联产生产线,实现了核桃油和蛋白的综合利用,降低了核桃油的生产成本。阿克苏晟鼎油脂有限公司引进超临界萃取生产线,设计年产能为3000吨。目前,南疆核桃油质量参差不齐,缺乏生产规范和产品质量标准体系,仍然存在不加工或者过度加工导致的安全和品质问题。

2. 核桃粉

核桃仁经去皮、脱脂后得到核桃粕,再经磨浆,加入白砂糖,添加或不添加鲜乳及其他辅料，采用先进微细化技术处理后，经喷雾干燥可制成速溶核桃粉。此工艺可以实现原料全利用，降低产品成本，且成品便于携带。目前，新疆阿布丹食品开发有限公司、新疆南达新农业股份有限公司、喀什光华现代农业有限公司等企业通过引进先进的生产工艺及设备，积极探索核桃油、核桃蛋白肽、核桃粉等核桃精深产品的加工生产。

3. 核桃休闲食品

由于南疆核桃原料品质好，所生产的核桃休闲食品在市场上有较强的竞争力。喀什疆果果农业科技有限公司、阿克苏浙疆果业有限公司、新疆和田果之初食品股份有限公司等企业均从事核桃休闲食品的生产和销售，相关业务呈现较好发展趋势。一部分企业通过引进生产线提高生产效率，如在新疆果业核桃（和田）交易市场内，和田五丰果业专业合作社建立了3000平方米标准化食品精深加工厂，投入全新成套自动化设备，建成巴格其镇首条糕点自动生产线、枣夹核桃生产线、微波杀菌线、礼品分装生产线等，并把核桃仁添加到切糕、列巴等特色食品中，丰富了核桃休闲食品的形态和品类。

4. 核桃膨化食品

近几年，膨化食品由于改善食品风味、方便食用、易于储藏的特点，深受广大消费者的欢迎。核桃膨化食品是以核桃乳饮料生产的辅料——核桃渣为原料，配以淀粉、白砂糖、营养强化剂、稳定剂和调味剂等，通过膨化技术开发的一种强化营养的休闲食品。其特点为突出核桃风味，原料成本低，生产设备结构简单、操作方便，设备投资少、收益大。

三、核桃副产物加工

核桃在副产物的开发上展现出了巨大的潜力，如核桃青皮、核桃壳、核桃分心木等通过合理的加工利用，可以变废为宝，提高核桃资源的附加值。核桃青皮的加工利用途径多样，可以提取单宁、黄酮类、醌类等活性成分，也可制成有机肥、饲料添加剂、生物质颗粒燃料。核桃壳在多个领域都有应用：制成活性炭用于废气处理和土壤改良；用作磨料、吸附剂和过滤材料，可清洗、去污和净化水质;作为抗氧化剂,用于防止油脂氧化;加工抗聚剂,满足合成橡胶工业生产的需要等。以核桃分心木为原料,可开发袋泡茶、保健酒等。

(一)主要加工技术及设备

核桃高附加值副产物如青皮、核桃壳、核桃分心木等,目前多丢弃或焚烧,不仅污染环境,还造成优质资源浪费。传统核桃副产物加工技术或装置难以满足多领域对产量化和优质化的要求。

1. 核桃青皮天然染料加工技术

核桃青皮天然色素制备涉及多道工序,需结合环保、高效和资源化原则配置设备。首先,采用锤式破碎机或剪切式粉碎机,将青皮破碎成小颗粒;其次,采用浸提罐、超声波提取机或压榨机提取有效成分;最后,采用带式干燥、真空干燥、喷雾干燥塔等设备,将青皮提取物快速干燥成粉末。

天然染料加工工艺流程为:破碎→浸提→过滤→浓缩→喷雾干燥→包装。

2. 核桃青皮有机肥加工技术

有机肥加工工艺流程为:青皮破碎→残渣发酵→造粒→干燥→包装。

一是收集新鲜或干燥的核桃青皮,剔除石块、金属等杂质。使用锤式粉碎机或双轴破碎机将青皮破碎至3~5厘米颗粒,增大表面积以促进发酵。二是接种高效复合菌剂(含枯草芽孢杆菌、木霉菌等),添加畜禽粪便等氮源,加速纤维素、木质素分解。配备翻抛机和曝气系统,发酵周期15~30天(视温度变化调整)。通过滚筒筛分机去除未完全腐熟的粗纤维和杂质,添加功能性成分(如腐殖酸、磷钾矿粉)提升肥效。三是采用圆盘造粒机或挤压造粒机,制成2~4毫米颗粒,便于运输和施用。四是采用低温烘干(<80℃)或自然晾晒的方式,对颗粒进行干燥处理。五是采用防潮包装袋(PE或编织袋),将核桃青皮有机肥储存于阴凉干燥处。

3. 核桃活性炭加工技术

核桃壳质地坚硬、厚实,是加工木炭和颗粒活性炭的优良原料。此活性炭多用于制造维尼纶触媒炭、净水炭、味精炭等。

核桃活性炭加工工艺流程为：核桃壳→筛选→炭化→木炭→破碎→筛选→活化→除砂→破碎→筛选→合格炭→酸洗→水洗→脱水→干燥→成品。

4. 核桃壳超细粉加工技术

目前，核桃壳超细粉的加工方法主要有以下几类：一是磨介式粉碎，其代表设备有球磨机、搅拌磨等。磨介式粉碎的产品粒度较大而且不是很均匀。二是机械剪切式超微粉碎，这种方式常用于韧性物料和柔性物料的加工。三是气流式超微粉碎，它是利用超声速气流作为颗粒的载体，随着气流的运动，颗粒之间相互碰撞而达到粉碎的目的，其类型有扁平式、循环管式、对喷式等。气流式超微粉碎的产品粒度比较均匀，而且温度上升幅度较低。根据核桃壳的性质，用气流式超微粉碎法制取核桃壳超细粉，效果比较理想。

（二）主要产品及创新

目前，南疆核桃副产物主要以核桃青皮、核桃壳、核桃分心木产品为主。

1. 核桃青皮产品

一是活性成分提取：青皮富含单宁、黄酮类、醌类等成分，用于生产天然染料、医药中间体（如抗肿瘤药物）、生物农药等。新疆宝隆化工新材料有限公司自2017年起利用核桃青皮制成单宁酸，用于大衣、牛仔裤、皮革等服装类的绿色染料，但由于对核桃青皮原料新鲜程度要求高等原因，目前项目处于停滞和技术攻关状态。

二是有机肥/饲料：经发酵处理制成有机肥或饲料添加剂。

三是燃料/能源化：直接焚烧发电或加工成生物质颗粒燃料。

2. 核桃壳产品

核桃壳是生产木炭和活性炭（医用、食品）的良好原料，在日常生活和工业中有广泛应用，如应用于空气净化、水质净化和医药领域。作为磨料和抛光材料，可以用于金属表面喷砂处理、汽车零部件抛光、半导体晶圆清洗、塑料加工等行业。核桃壳提取物作为抗氧化剂，用于储存油脂及含油食品中，可防止油脂氧化。核桃壳焦油可加工成抗聚剂，满足合成橡胶工业生产的需要。核桃壳滤料具有亲水疏油性能，常用于油田含油污水的处理。作为堵漏材料可提高堵漏成功率,满足各种井堵漏、防漏的需求。核桃壳也可直接燃烧或制成生物质燃料。新疆宝隆化工新材料有限公司、新疆天下福生物科技有限公司以及新疆喀什地区泽普县赛力乡有限公司是目前新疆地区对核桃副产物核桃壳进行收购、加工的主要企业。新疆喀什地区泽普县赛力乡有限公司产业园于2021年10月底建成并投入使用,围绕核桃木、花、壳、仁等开展加工,既有枣夹核桃、琥珀核桃等初级加工,也有核桃壳活性炭等核桃壳副产物加工。由于各企业需要的核桃部位不同,各取所需后将其他部分在园区内循环销售,实现了利用最大化。

3. 核桃分心木产品

核桃分心木通常占核桃总质量的5%左右,是新疆传统维吾尔族药物之一,一般用于清热利尿,健脾固肾,治疗遗精。目前,分心木产品类型以烘烤整形分心木茶为主。产品主要是修整好的分心木原料,对其进行烘烤,以改善其口感、色泽和香气。新疆天下福生物科技有限公司是一家生产核桃分心木系列产品的公司,公司位于阿克苏地区温宿县托乎拉乡,从核桃青皮到核桃壳、核桃仁,再到核桃分心木,对每一个核桃实现"吃干榨尽"。

第三节　南疆核桃营销情况

一、销售渠道和销售模式

(一)传统批发市场

南疆地区是我国优质核桃的核心产区,得益于充足的光照和独特的绿洲气候,这里出产的核桃以壳薄、仁饱、香味浓郁而闻名。传统批发市场作为南疆核桃流通的重要枢纽,连接着农户、经销商和全国消费者,形成了独具特色的交易模式。

南疆核桃批发市场主要集中在喀什、和田和阿克苏等地区,其中喀什疏附县、和田墨玉县等地的市场规模较大,喀什疏附县核桃批发市场年交易量超15

万吨,占南疆总交易量的30%,和田墨玉县市场日均交易额达200万元,旺季单日最高突破500万元。每年9月至12月核桃收获季,市场都格外繁忙,农户将新采收的核桃运至市场,由批发商收购后发往全国各地。交易时,核桃按品质分级定价,买卖双方常以传统方式议价,部分市场仍保留"巴扎"的交易模式,充满浓厚的地域风情。这些市场不仅是交易场所,也承载着重要的社会功能。许多南疆农户依靠核桃销售维持生计,市场成为他们重要的收入来源。全疆现有规模化核桃批发市场23个,其中南疆占18个,年交易总额突破80亿元。同时,市场内多元民族文化交融,维吾尔族、汉族等商户共同参与,形成了独特的商贸氛围。

（二）企业订单收购

南疆作为我国重要的核桃生产基地,近年来逐步构建起规范化的企业订单收购模式,为核桃产业发展注入新动能。南疆订单农业覆盖率60%～70%,重点县（市、区）（如叶城、泽普）达80%以上。订单模式下南疆核桃一级品率从2018年的62%提升至2023年的85%。"企业+基地+农户"的产业化经营模式正推动南疆核桃产业向提质增效方向迈进,成为产业发展的关键路径。

1.订单收购模式的运作机制

在订单收购模式下,核桃加工企业或贸易公司与农户签订详细的收购协议,对收购品种、数量、质量标准及价格进行提前约定。企业为签约农户提供种植管理、病虫害防治等专业技术指导服务,从源头把控核桃品质。到了收购季,企业严格按照约定价格集中收购,部分企业还提供上门收购服务,解决农户销售难题,极大减轻了农户的销售负担。核桃的收购价格因品种、品质及市场供需关系而异。例如,在2024年,新疆'温185'核桃产地收购价格区间为10.8～19.5元/千克,'新新2'核桃产地收购价格区间为11～20元/千克。而在订单收购中,价格可能会根据双方协商和市场行情有所调整。

2.订单收购模式的显著优势

该模式具备多重优势:其一,通过保底价格机制,有效规避市场价格波动风险,保障了农户的稳定收益;其二,为企业提供了稳定的原料供应,便于企业对产品质量进行全过程管控；其三，推动了标准化生产流程的普及，促使南疆核桃整体品质得到显著提升。目前，和田、喀什等地多家龙头企业已建立成熟的订单收购体系，年收购量达数万吨，展现出强大的产业带动能力。

3. 订单收购模式的未来发展方向

随着产业化进程不断深化，南疆核桃订单收购模式正朝着更规范、更科学的方向发展。部分企业推行"优质优价"机制，对达到更高品质标准的核桃给予溢价收购，这一举措有效激发了农户提升种植技术、优化管理水平的积极性。未来，该模式有望在南疆更多地区推广复制，持续推动当地核桃产业实现高质量发展，助力乡村振兴。

（三）电商平台

1. 电商销售渠道多元化发展

伴随互联网经济快速发展，南疆核桃产业加速融入电商新业态，构建起以天猫、京东、拼多多等主流电商平台为核心，抖音、快手等直播电商为补充的多元化销售体系。新疆自由落体网络科技有限公司在抖音、淘宝天猫、拼多多、快手、京东等电商平台拥有40余个店铺，2023年12月1日起每日销售额达三四十万元，每年销售红枣、核桃等农产品3万吨以上，受益农户约1300户。

以京东电商平台为例，京东商城销售的新疆南疆特色干果涉及244个品牌，其中销量排在前五的品牌包括"百草味""好想你""楼兰蜜语""果园老农""姚生记"，这些品牌中销量最火爆的南疆特色干果，以核桃、红枣为主打。以"好想你"品牌中阿克苏灰枣一款商品为例，平均每天的评价量为94条，一个月（按31天计算）就是2914条评价。一般来说，在电商平台，评价数量是销售数量的10%~20%（据亚马逊等平台数据），可以估算"好想你"品牌南疆特色干果类商品一个月的销售量在30000~60000笔。京东商城南疆特色干果总体销售量高于淘宝网，与天猫商城相似，这主要得益于京东商城强大的自营物流体系和良好的售后服务。"和田薄皮核桃""喀什185纸皮核桃"等特色产品在电商平台上成为明星单品，阿克苏、和田等地的龙头企业通过开设品牌旗舰店，以精美的页面设计与专业客服团队，向全国消费者展示南疆核桃的优良品质。

直播电商兴起后，和田、喀什等地农户与经销商积极开展直播带货，通过镜头展示核桃种植环境、加工过程及品质优势，部分主播单场直播销量可达数吨，显著拓宽了销售渠道。

2. 电商销售质量保障体系建设

为确保电商销售品质，南疆地区构建了完善的供应链体系。从产地直采、专业分选到冷链物流，各环节紧密配合，保障消费者收到新鲜优质的核桃产品。同时，区块链溯源技术的应用赋予每一包核桃"身份证"，消费者可通过扫码追溯产品来源与生产信息，进一步增强了产品的可信度与市场竞争力。

3. 电商产业未来发展趋势

随着5G技术与物联网的普及，南疆核桃电商产业将朝着智能化、精准化方向发展。通过大数据分析消费者需求，实现定制化生产；借助跨境电商平台，开拓国际市场，推动南疆核桃走向世界，提升产业国际化水平。

（四）线下商超与专卖店

随着消费升级和品牌化发展，南疆核桃正通过商超渠道和品牌专卖店体系，构建起覆盖全国的线下销售网络。这一渠道建设不仅提升了产品附加值，更让优质核桃产品直接触达终端消费者。

1. 商超渠道布局

南疆核桃已成功进驻华润万家、永辉、大润发等全国性连锁商超，以及新疆本地友好超市、汇嘉时代等区域性卖场。在商超渠道中，核桃产品主要呈现三种形态：原生态带壳核桃、精包装核桃仁以及核桃深加工产品。

市场调研数据显示，原生态带壳核桃在商超渠道的销量占比约为40%，主要消费群体为家庭消费者和注重养生的中老年人。在商超中，精包装核桃仁的陈列位置一般靠近休闲食品区，吸引了众多年轻消费者和上班族。其销量占比约为35%，且呈现出逐年上升的趋势。核桃深加工产品在商超渠道的销量占比约为25%，虽然目前占比较小，但增长潜力巨大。乌鲁木齐某大型商超数据显示，节日期间南疆核桃礼盒销售额可达日均3万元以上，成为走亲访友的热门伴手礼。

2. 品牌专卖店建设

和田、喀什等地龙头企业纷纷在重点城市设立品牌专卖店。"西域果园""昆仑山"等品牌已在北上广深等一线城市开设直营店,采用统一的视觉设计和产品陈列标准。专卖店不仅销售核桃产品,还提供现场品尝、文化展示等体验服务。某品牌乌鲁木齐旗舰店年销售额突破500万元,复购率达65%以上。

3. 渠道特色与服务创新

线下渠道注重消费体验升级:商超设立新疆特产专区,配备专业促销人员讲解;专卖店推出"产地溯源"可视化系统,消费者可查询产品生长环境。部分门店还提供个性化定制服务,如企业礼品包装、健康食谱搭配等。阿克苏某企业创新"前店后厂"模式,让顾客亲眼见证核桃加工过程,大大增强了消费信任。

未来,南疆核桃线下渠道将向体验化、场景化方向发展,通过主题展销、品鉴会等形式强化品牌认知,同时深化与连锁便利店的合作,构建更加完善的线下销售网络,让优质核桃产品走进千家万户。

二、品牌建设

(一)品牌建设初见成效,但仍有提升空间

南疆作为中国核桃主产区,已培育出"阿克苏核桃""叶城核桃"等具有地理标志认证的知名品牌,这些品牌凭借新疆特色农产品的优势,在市场上建立了初步认知度。然而,与国内核桃产业领先地区相比,南疆品牌仍存在数量有限、影响力不足等问题。部分品牌因定位模糊、宣传乏力,导致消费者认知度与市场溢价能力未能充分释放。

(二)突破发展瓶颈的关键策略

1. 精准定位凸显特色

南疆核桃需深挖"天山雪水灌溉""自然晾晒工艺""高不饱和脂肪酸含量"等独特卖点,构建差异化品牌形象。例如,阿克苏品牌以"绿色健康"为核

心，通过有机种植认证和营养数据可视化，成功塑造了高端农产品形象。

2. 立体化传播体系构建

整合传统媒体与新媒体资源，形成宣传合力：一方面，通过央视乡村振兴专题等权威渠道提升公信力；另一方面，利用抖音原产地直播、小红书种草等内容营销触达年轻消费群体。2023年叶城核桃节通过"网红+县长"直播带货，单场销售额突破800万元，印证了创新传播的价值。

3. 产业链协同发展模式

与中粮等龙头企业合作建立"种植—加工—销售"一体化体系，中国农业科学院研发的低温压榨技术使核桃油出油率提升12%；顺丰速运建设的产地仓将物流时效缩短至48小时全国达。这种"产学研销"联动模式既保障了品质稳定性，又增强了市场响应能力。

4. 阿克苏品牌的成功实践启示

该地区通过"三品一标"认证（绿色食品、有机农产品、地理标志）筑牢品质根基，其核桃产品的酸价控制在1.2毫克/克以下，优于国家标准的30%。营销端采取"线上线下双驱动"策略，既入驻盒马鲜生等新零售渠道，又搭建自有小程序商城，会员复购率达47%。2022年品牌溢价效应使当地农户亩均增收1200元，充分证明品牌化对乡村振兴的带动作用。

（三）面向未来的挑战与机遇

随着消费升级趋势，市场对核桃产品的需求正从"量"向"质"转变。洽洽等休闲食品巨头推出"每日坚果"系列，对原料品质提出更高要求。南疆核桃产业需在精深加工领域突破，开发核桃肽、低温压榨油等高附加值产品。自治区政府《林果业高质量发展规划》明确提出到2025年建成10个核桃产业强县，政策红利将加速品种改良和数字营销体系建设。

通过构建"区域公共品牌+企业子品牌"矩阵，完善从田间到餐桌的全链条品控，南疆核桃有望从地理标志产品升级为具有全国影响力的产业品牌。这需要政府引导、科技赋能与市场机制的三重合力，最终实现"小核桃"向"大产业"的跨越式发展。

三、进出口贸易情况

（一）出口规模持续扩大，核桃成为新疆果品出口主力

2024年，新疆果品出口总额达29亿元，其中核桃出口金额15亿元，占比51.7%，稳居出口品类首位。与2023年相比，出口金额增长16%，出口量增长20%；相较于2022年，两项指标增幅分别达到107%和150%。在全国核桃出口格局中，新疆占据核心地位，2023年，全国核桃出口总量21.86万吨，其中未去壳核桃占比69.44%（15.18万吨），核桃仁出口4.99万吨。相对于核桃出口，核桃进口非常有限，国内核桃因其品质和价格优势占据了国内主要市场。

（二）区域出口表现亮眼，产业结构持续优化

阿克苏地区2024年外贸进出口总值同比增长56.5%，达167.2亿元，其中核桃及制品出口7.4万吨，带动当地新增出口食品备案企业78家。喀什地区企业如福禄食品公司实现出口覆盖12国，单价提升30%。产业形态正从初级农产品向精深加工转型，核桃油等产品市场渗透率从2018年的0.1%提升至2021年的1%，推动出口利润增长。新型经营模式，如青苗合作社整合产业链，创造77个就业岗位，并探索直播电商等新渠道。

（三）国际市场多元拓展，中亚地区占比突出

新疆核桃已销往全球30余国，形成以中亚（吉尔吉斯斯坦、哈萨克斯坦）、中东（沙特、阿联酋）和欧洲为主的市场格局。2024年对中亚果品出口20亿元，占全区果品出口总额的68.9%，中欧班列实现"核桃专列出口—机械设备返程进口"循环，运输时效提升30%。其中，吉尔吉斯斯坦出口单一市场占比58.6%。出口品类呈现多元化特征，除核桃外还包括红枣、巴旦木等特色产品。在林果业提质增效工程推动下，商品果率持续保持在86%以上，为国际市场竞争提供品质保障。

（四）进口结构优化升级，政策赋能双向通道

进口商品从大宗原料向精深加工设备延伸，2024年食品包装机械进口增长40%。霍尔果斯口岸试点"智慧海关"，进口通关时间压缩至2小时；跨境人民

币结算覆盖80%进口交易，规避汇率风险。进口欧洲核桃油萃取技术，推动本地加工附加值率从35%提升至50%。

（五）政策赋能与产业升级协同发力

海关"云签发"等便利化措施提升通关效率，地方政府通过备案管理培育外贸主体。产业链各环节同步升级：种植端推广标准化生产，加工端开发高附加值产品，销售端构建线上线下融合渠道。面对国际市场绿色壁垒和竞争加剧的挑战，南疆产区需持续加强有机认证、品牌培育和加工技术创新，通过深化产业链整合巩固出口优势，进一步提升南疆地区在全球核桃贸易中的价值链地位。

四、南疆核桃进出口贸易面临的挑战与机遇

（一）面临的挑战

1. 质量标准与认证问题

国际市场对农产品质量标准和认证要求日益严格，南疆核桃出口需要满足目标市场的各种质量、安全、环保等标准。例如，欧盟对食品中的农药残留、重金属含量等指标有严格限制，而南疆部分核桃种植户和加工企业在生产过程中，由于技术和管理水平有限，可能难以完全达到这些标准，从而影响产品出口。

2. 市场竞争加剧

全球核桃生产和出口国家众多，除了传统的美国、伊朗等核桃出口大国，近年来，一些新兴的核桃生产国也逐渐进入国际市场，市场竞争日益激烈。这些国家在品种培育、生产技术、品牌营销等方面具有一定优势，对南疆核桃在国际市场上的份额构成威胁。

3. 贸易壁垒与政策风险

国际贸易保护主义抬头，部分国家可能会设置贸易壁垒，如提高关税、实施配额限制、设置技术性贸易壁垒等，增加了南疆核桃出口的难度和不确定性。同时，国际政治形势的变化、贸易政策的调整等也可能对南疆核桃进出口

贸易产生不利影响。

4. 物流成本与运输效率

虽然中欧班列等运输方式为南疆核桃出口提供了便利,但物流成本仍然较高。一方面,运输费用本身占据了产品成本的一定比例;另一方面,在运输过程中,由于通关手续烦琐、物流信息不畅通等问题,可能导致运输时间延长、货物损耗增加,影响企业的经济效益和产品竞争力。

(二)发展机遇

1. "一带一路"倡议的推动

"一带一路"倡议为南疆核桃进出口贸易带来了前所未有的机遇。通过加强与共建"一带一路"国家的基础设施互联互通、贸易投资便利化等合作,南疆核桃可以更便捷地进入中亚、中东、欧洲等广阔的市场。同时,"一带一路"倡议也促进了区域经济合作,为南疆核桃产业吸引了更多的投资和资源,有利于产业的升级和发展。

2. 消费升级与健康意识提升

随着全球消费者生活水平的提高和健康意识的增强,对营养丰富、绿色天然的坚果类产品需求不断增加。核桃作为优质坚果之一,市场前景广阔。南疆核桃凭借其优良的品质和独特的地域特色,在满足消费者健康需求方面具有明显优势,有望在国际市场上获得更大的发展空间。

3. 技术创新与产业升级

科技的不断进步为南疆核桃产业发展提供了强大动力。在种植环节,通过推广先进的种植技术、品种改良技术、病虫害防治技术等,可以提高核桃的产量和品质;在加工环节,引进先进的加工设备和技术,可以开发多样化的核桃深加工产品,提高产品附加值;在营销环节,利用互联网、大数据、电商平台等新技术,可以拓宽销售渠道,提升品牌影响力。技术创新将推动南疆核桃产业实现转型升级,增强其在国际市场上的竞争力。

4. 国内市场需求增长带动

国内经济的持续发展和居民消费水平的提高,使得国内对核桃等坚果类产品的需求也呈现出快速增长的趋势。南疆核桃在满足国内市场需求的同时，可以借助国内市场的影响力和消费潜力，提升品牌知名度，进一步拓展国际市场。国内市场与国际市场相互促进，为南疆核桃产业发展创造了良好的市场环境。

第四节　南疆核桃从业人员

一、种植业从业者

南疆地区的核桃种植业为当地农户提供了重要的生计来源。以叶城县为例，2024年全县64.2万亩核桃种植面积，带动了近10万户农户参与生产。这些种植户中，80%为维吾尔族，他们通过参与合作社或自主经营的方式从事核桃种植。值得注意的是，近年来有越来越多的年轻人选择留在农村从事核桃产业，为这个传统产业注入了新的活力。

（一）种植者生产方式的转变

过去几年，南疆核桃种植者的生产方式发生了显著变化。通过"科技特派员"下乡指导，普通农户学会了科学修剪和精准施肥技术，核桃单产普遍提高了20%以上。在阿克苏地区乌什县阿恰塔格乡，农户们通过加入合作社实现了规模化种植，2021年全乡以核桃为主的林果总收入超过1.5亿元，占农村经济总收入的36%，为当地农民贡献了约45%的人均纯收入。这种转变不仅提高了产量，更改善了核桃品质，增加了农户收入。

（二）新一代种植者的创新实践

年轻一代种植者正在改变传统的销售模式。他们熟练使用抖音、快手等平台，通过直播将自家核桃直接卖给消费者。这种创新的销售方式打破了地域限制，让南疆核桃卖到了全国各地，也卖出了更好的价钱。在一些采用套种模式的核桃园里，亩均收益已经突破万元。这些年轻种植者不仅懂种植技术，还掌握了现代营销手段，他们正在用自己的方式推动整个产业向现代化方向发展。

（三）种植者收入结构的变化

核桃种植已成为南疆农民重要的收入来源。目前，核桃收入已占到南疆农牧民年收入的30%以上。随着产业升级，种植者的收入结构也在发生变化：从单纯依靠卖原料，到通过加工增值；从依赖中间商收购，到直接对接终端市场。专业技术人员队伍的壮大，也为普通种植户提供了更多技术支持和服务。这些变化让南疆核桃种植者的收入更加稳定，生活水平不断提高。

二、加工业从业者

南疆核桃加工业的转型升级为当地劳动者创造了大量就业机会。过去以家庭作坊为主的加工模式逐渐向现代化产业集群方向发展，从业者从简单的原料分拣工逐步转变为掌握专业技能的产业工人。通过"职业技能提升行动"，普通操作工学会了操作色选机、烘干线等自动化设备，月收入较传统加工时期提高了30%左右。特别值得一提的是，技术管理人员在从业人员中的占比已达到30%，他们大多接受过专业培训或高等教育，为产业发展提供了重要支撑。

（一）加工技术人才的培养与成长

深加工领域吸引了越来越多的食品工程专业人才加入。这些技术人员通过与科研院校合作，不断推动核桃加工技术创新。部分骨干还通过"援疆项目"赴内地学习先进工艺，回来后带动了整体技术水平的提升。在新兴的电商领域，催生了对包装设计师、直播营销专员等新型人才的需求。政府和企业的联合培训项目，帮助从业者掌握从机械操作到食品安全的全套技能，实现了从简单劳动力向专业技术人才的转型。

（二）产业升级带来的就业机遇

阿克苏等地区的核桃加工集群发展，为农村劳动力提供了就近就业的机会。"龙头企业+合作社"的模式不仅带动了农户增收，还培养了一批懂技术、会管理的本地产业工人。在新媒体营销领域，年轻的从业者通过直播带货等方式，帮助核桃加工产品打开了更广阔的市场。产业升级带来的多重效益正在显现：从业人员收入增长明显，工作环境持续改善，职业发展通道也更加畅通。这些变化让越来越多的年轻人愿意留在本地，投身核桃加工行业。

（三）从业者收入与生活改善

随着加工技术的提升和产品附加值的增加，核桃加工业从业者的收入水平有了显著提高。技术工人的月薪较传统加工时期普遍增长30%~50%，部分掌握核心技术的骨干人员收入更高。稳定的工作岗位和持续增长的收入，让从业者的生活质量得到明显改善。许多家庭通过参与核桃加工产业链，实现了脱贫致富。产业发展的红利正在惠及更多普通劳动者，为南疆乡村振兴提供了坚实支撑。

三、三产领域从业者

在南疆地区，约有5万名从业者活跃在核桃产业的第三产业领域，其中年轻人占据了主要位置。这些年轻人不再满足于传统的销售方式，而是通过抖音、快手等平台开展直播带货，将南疆核桃销往全国各地。政府组织的电商培训项目取得了明显成效，不少参训学员成功对接腾讯、京东等大型电商平台，推动核桃线上销售占比突破30%。这种转变不仅改变了销售模式，也让从业者的收入水平有了质的飞跃，表现优秀的电商从业者月收入可达数万元。

（一）文旅融合带来的新机遇

阿克苏、和田等地区的"核桃采摘节"等文旅项目，为当地创造了新的就业机会。导游、民宿经营者、活动策划等新兴职业应运而生，吸引了不少年轻人加入。这些文旅项目不仅丰富了核桃产业业态，也让从业者有了更多元化的发展选择。在旅游旺季，参与文旅项目的从业者收入往往能有显著提升，这让他们对行业发展充满信心。

（二）配套服务业的发展与转型

随着核桃产业升级，物流、包装、品牌策划等配套服务岗位需求快速增长。这些岗位对从业者的专业技能要求较高，促使大量从业者开始学习新技能，实现从简单劳动者向专业技术人员的转变。品牌策划师、物流管理员等新兴职业的出现，为年轻人提供了更多职业发展机会。通过系统培训，从业者掌握了现代营销、物流管理等实用技能,不仅提升了工作效率,也获得了更高的收入回报。

(三)新型职业果农的成长

"互联网+产业+文旅"的融合发展模式,正在培育一批具有市场意识和服务理念的新型职业果农。这些果农不仅懂种植技术,还掌握了电商运营、客户服务等现代经营技能。他们通过直播带货、社群营销等方式,直接对接终端消费者,既拓宽了销售渠道,也提升了产品附加值。这种转变让果农的收入结构更加多元,抗风险能力也显著增强,为南疆核桃产业的可持续发展注入了新活力。

第二章

南疆核桃产业发展
外部环境

作为新疆特色林果业的支柱产业，南疆核桃在全国市场占据重要地位，其发展正面临前所未有的机遇与挑战。政策、技术与市场三重因素的协同驱动，为产业转型升级提供了强劲动力。从政策环境来看，国家将木本油料产业纳入乡村振兴战略重点，自治区"十四五"规划明确支持核桃产业提质增效，各级财政补贴、科技专项和金融扶持政策形成叠加效应，推动产业向标准化、品牌化方向发展。从技术环境观察，依托各类科研平台，科研机构在种质改良、绿色栽培、精深加工等关键环节取得突破，构建了"基础研究—技术转化—示范推广"的全链条创新体系，为产业高质量发展提供技术保障。在消费升级与市场拓展方面，国内高端消费市场对南疆薄皮核桃的认可度显著提升，有机产品溢价能力增强；同时，共建"一带一路"国家需求稳步增长，跨境电商等新渠道加速市场渗透，数字技术与产业深度融合，正重塑着从种植到营销的全产业链生态。本章将系统剖析政策、技术、市场三大维度的环境特征，揭示外部环境变化对产业转型升级的深层影响，为后续探讨南疆核桃产业高质量发展路径奠定基础。

第一节　政策环境

一、国家层面对核桃产业的促进政策

（一）木本油料产业的战略地位与国家粮油安全

木本油料是我国经济林产业的重要组成部分，是提高优质食用油的重要来源，也是解决国家粮油安全问题的有效途径。我国人多耕地少，粮油安全一直是我国面临的战略性问题。为了解决国家粮油安全问题，让中国百姓的"油瓶子"尽可能多装中国油，以满足我国人民生活水平不断提高的需求。党的十八大以来，党中央把保障粮油安全作为头等大事，坚持中国人的饭碗任何时候都要牢牢端在自己手中,一系列鼓励木本油料产业发展的政策措施相继出台,核桃作为我国木本油料中种植面积最大的品种被寄予厚望。

(二)国家推动木本油料产业发展的政策沿革与顶层设计

2014年,国务院办公厅印发《关于加快木本油料产业发展的意见》,指出木本油料等特色经济林产业是提供健康优质食用植物油的重要来源,明确要求建成一批核桃等木本油料重点县。

2020年,国家林业和草原局联合国家发改委、科技部、财政部、自然资源部、农业农村部、人民银行、市场监督管理总局、银保监会、证监会等十部门印发《关于科学利用林地资源 促进木本油料和林下经济高质量发展的意见》,对木本油料发展进行了全面的布局和政策设计,到2025年,促进木本粮油产业发展的资源管理制度体系基本建立;到2030年,形成全国木本粮油产业发展的良好格局,凸显了木本油料产业发展在维护国家粮油安全、巩固脱贫攻坚成果、促进乡村振兴和生态文明建设中的重要作用。

2022年,国家林业和草原局印发《关于科学开展2022年国土绿化工作的通知》,强调各地要充分发挥森林和草原生态系统的多种功能,培育林草主导产业、特色产业和新兴产业,积极探索推广绿水青山就是金山银山的转化路径,推广兼顾生态和经济效益的绿化模式,合理安排种植面积,加大品种改良、低产林改造力度,大力发展核桃等木本油料产业,提高木本油料供给能力,切实维护国家粮油安全。

2023年,工业和信息化部等十一部门联合印发了《关于培育传统优势食品产区和地方特色食品产业的指导意见》(工信部联消费〔2023〕31号),明确了做大做强核桃加工全产业链的政策:一是丰富食用油原料品种,优化加工能力,建设核桃等食用油原料供应基地;二是鼓励食用油加工龙头企业发挥产业链主引擎作用,拓展核桃等地方特色食品产业链,强化上下游深度融合,扩大核桃油市场影响力,以品牌溢价带动产业发展。

2024年中央一号文件提出,"树立大农业观、大食物观,多渠道拓展食物来源"。这是党中央立足农业农村发展新形势,顺应食物消费结构新变化,对贯彻落实稳产保供提出的新要求。粮食安全是"国之大者"，油料安全是重要一环。保障食用油安全关乎国家战略。国务院办公厅《关于践行大食物观构建多元化食物供给体系的意见》（国办发〔2024〕46号）中指出要全方位、多途径开发食物资源，拓展食物来源渠道，明确提出稳定核桃等种植面积，建设特色鲜明、集中连片、链条健全的优势产业带。

（三）科技赋能木本油料产业高质量发展

"十四五"期间，国家林业和草原局配合科技部，继续加大对木本油料科技创新的支持力度，部署实施"林业种质资源培育和质量提升"重点专项，启动主要经济林优质高产新品种创制与精准栽培技术、新疆核桃等特色油料作物产业关键技术研发与应用等项目。开展以核桃等木本油料树种为代表的木本油料优质高产新品种创制与精准栽培技术、轻简栽培和高效采收装备攻关，推动木本油料产业高质量发展。

（四）构建现代化木本油料产业体系的路径与愿景

经济林建设的成就和水平是衡量我国林业三大体系建设水平的重要标志，是实现我国粮油安全、生态安全长治久安的新途径。党中央、国务院相继出台的这些政策旨在提高核桃产业的整体竞争力，提升产品质量，增强产业链条的完整性和现代化程度，从而带动农民增收、农业增效和农村产业结构优化。我国是一个油料油脂的生产和消费大国，要坚持问题导向，完整、准确、全面贯彻新发展理念，坚持大食物观，以构建经济林高质量发展的产业体系、生产体系和经营体系为目标，强化市场导向和创新驱动，推行适区适种、绿色标准化机械化生产。发展适度规模经营和社会化服务，着力提高全要素生产率，走规模适度、结构合理、特色鲜明、模式先进、环境友好的高质量发展之路，更好地服务国家重大需求，实现产业兴、百姓富、生态美的统一。

二、自治区层面对核桃产业的促进政策

林果业作为新疆林业经济发展的重要动力与经济增长的亮点，其发展得到了自治区政府的高度重视和大力支持。在自治区层面，核桃为新疆第一大林果

树种，其主要分布在阿克苏、和田、喀什等南疆三大产区，是当地农业农村经济和乡村振兴的重要支柱产业，占人均收入30%以上，部分主产县超过50%。多年来一直得到自治区各级党委、政府重点关注和支持，在解决南疆集中连片"边、少、贫、欠"地区富余劳动力就业问题，促进农民增收、繁荣当地经济、维护边疆稳定、改善南疆脆弱生态环境等方面发挥了积极作用。

2020年，根据《新疆林果业提质增效建设"十四五"规划》，自治区以提质增效为核心，发展新疆现代林果业。按照全产业链开发、全价值链提升的思路，对核桃等新疆优势明显、特色突出的树种，集中资金、项目、人才、政策等资源，着力解决产业发展中的瓶颈制约和关键环节问题，全面构建具有强大竞争力的现代林果产业体系。自治区党委组织部、党委农办利用人才专项政策，创建了核桃产业专家团队，充分发挥了人才引领作用，采取"龙头企业+基地+农户"模式，推动林果集中连片基地种植，规模化集约效益逐渐显现。2024年，自治区党委、政府相继出台《2024年自治区粮棉果畜农业特色产业高质量发展的财政金融支持政策》《新疆维吾尔自治区关于加快内外贸一体化发展的若干措施的通知》和《中国（新疆）自由贸易试验区建设实施方案》，从资金、项目、标准、政策、营商环境、制度创新等各方面加强林果产业顶层设计，高位推动林果产业高质量发展。近年来，新疆大力实施林果产业提质增效工程，提出将绿色有机果蔬产业作为"八大产业集群"之一强力打造，自治区核桃产业发展相关政策如表2-1所示。

表2-1　自治区核桃产业发展相关政策

时间	发布部门	政策名称	内容
2024年2月	新疆维吾尔自治区党委、人民政府	《关于学习运用"千村示范、万村整治"工程经验有力有效推进乡村全面振兴的实施方案》（新党发〔2024〕1号）	做强优质果蔬，推动核桃、红枣、巴旦木等干果控面提质，苹果、梨、葡萄、新梅等鲜果优化增量。以推广新品种和现代栽培技术为重点，建设林果产业示范园。推动开展疏密改造、低产低效果园改造工作

续表

时间	发布部门	政策名称	内容
2024年3月	新疆维吾尔自治区林业和草原局	《自治区绿色有机果蔬产业集群林果产业链实施方案》	1. 环塔里木盆地林果主产区通过低产低效果园改造，提升核桃、红枣、巴旦木品质，增加产量，推进果、仁、油、乳、副产物综合利用，解决功能性产品研发不足的问题 2. 积极开展南疆四地州以核桃、红枣、杏、巴旦木、苹果、葡萄等6个树种为主的优势特色农产品保险奖补试点，扩大林果政策性保险受益面 3. 加速推进产地初加工，大力推广"企业+合作社+农户""企业+基地+农户"经营模式，落实国家支持农产品产地初加工补助政策，鼓励在红枣、核桃等干果优势产区建设清洗、分拣、烘干、贮藏等初加工设施，推动现有设施升级改造
2024年9月	新疆维吾尔自治区党委办公厅、新疆维吾尔自治区人民政府办公厅	《自治区深化集体林权制度改革实施方案》	强化政策资金扶持，推进林业产业提质增效。深入实施自治区绿色有机果蔬产业集群建设行动计划，用好自治区针对粮棉果畜产业集群建设的财政金融支持政策，引导金融、保险、担保机构及各类社会资本投入林业产业，做优做强核桃等特色林果产业，拓展产业增值增效空间
2023年9月	新疆维吾尔自治区农业农村厅	《自治区关于加快推进品牌强农的实施意见》	建立"品味新疆"好产品品牌目录和线上平台，通过展会、产销活动等方式向疆内外宣传推介甄选的核桃品牌，协助对接采购商，扩大销售渠道
2023年1月	新疆维吾尔自治区农业农村厅	《关于推进特色林果业提质增效的实施方案（2023—2025年）》	2024年将重点扶持核桃主产县建设"生产+加工+科技"一体化产业园，对龙头企业给予用地、用电、税收优惠政策，并鼓励企业申报国家级农业产业化重点龙头企业
2022年7月	新疆维吾尔自治区党委农村工作领导小组	《关于贯彻落实〈自治区农副产品加工业发展"十四五"规划〉的实施方案》	围绕农产品减损增效、装备升级、产品研发，支持企业、合作社在林果初加工领域，重点推广应用核桃脱皮、破壳、壳仁分离和红枣、葡萄等清洗分拣、烘干储藏、预冷保鲜等设备

续表

时间	发布部门	政策名称	内容
2022年4月	新疆维吾尔自治区乡村振兴局	《关于进一步健全完善帮扶项目联农带农机制的指导意见》	因地制宜发展壮大特色主导产业,从"特"和"优"出发,培育发展龙头企业、家庭农场、专业大户等农业经营主体,不断提升农业经营主体的发展水平和带动能力;加强田头市场、产地储藏、保鲜烘干、食品加工、物流配送等产业设施建设
2021年2月	新疆维吾尔自治区第十三届人民代表大会第四次会议	《新疆维吾尔自治区国民经济和社会发展第十四个五年规划和2035年远景目标纲要》	做强林果产业,突出绿色化、优质化、特色化、品牌化,推动林果业标准化生产、市场化经营、产加销一体化发展,做优做精红枣、核桃、巴旦木、葡萄、苹果、香梨、杏、新梅、枸杞等品种,支持南疆建设一批林果产品加工物流园和交易市场,增加优质高端特色果品供给。"十四五"末期,全区林果面积稳定在2200万亩左右,果品产量达到1200万吨
2021年6月	新疆维吾尔自治区科技厅、新疆维吾尔自治区农业农村厅等	《万名农业科技人才服务乡村振兴行动实施方案》	选派100名自治区农业科技服务首席专家,引导1000名地方农业科技服务骨干人才,带动10000名市县农业技术人才,组建技术服务团队,到县包乡联村带户开展农业科技服务,实现全覆盖

三、各区县对核桃产业的促进政策

核桃是新疆最具特色的传统林果树种之一,栽培广泛,历史悠久,种质资源丰富。2024年核桃种植总面积约640万亩,总产量约144.5万吨,核桃已成为南疆多个区域和县市的特色主导产业,其中阿克苏、喀什、和田三地区的核桃总面积占全区总面积的98.3%,占总产量的96.5%。目前,新疆有49个县(市、区)栽培核桃,其中温宿、库车、沙雅、新和、乌什、阿瓦提、泽普、叶城、莎车、巴楚、麦盖提、和田、墨玉、洛浦、策勒、于田等16个县(市、区)面积超过100万亩。温宿县是阿克苏地区核桃产量最大的县,种植面积达86万亩,曾获"国家级核桃示范基地"和"全国知名品牌创建示范区"称号,核桃是温宿县农民最重要的支柱产业。喀什地区叶城县被称为"中国核桃之乡",核桃种植面积达64.21万亩,是全国首批及第二轮命名的经济林核桃之乡,2009年被命名为"国家地理标志保护产品",2017年成功承办全国产业扶贫现场会。各县（市、区）核桃产业发展相关政策如表2-2所示。

表2-2　各县（市、区）核桃产业发展相关政策

时间	发布部门	政策名称	内容
2024年1月	温宿县人民政府	《温宿县2024年政府工作报告》	实施林果业"优质高效"行动,林果面积稳定在125.9万亩,总产量58.8万吨以上,产值突破47.8亿元。改造低产、密植园1.5万亩,加快54万亩绿色果品认证,打响温宿区域品牌"温巴朗"和地理标志品牌"温宿核桃"
2024年1月	叶城县人民政府	《叶城县人民政府召开2024年第一次全体会议工作报告》	要培育壮大以核桃为主导的特色林果产业,秉持"品种化栽培、规模化发展、园艺化管理、产业化经营"的发展思路,大力推进核桃提质增效,发展以核桃种植为主的经济带,有效推动"核桃经济"上规模、增效益
2023年10月	乌恰县发展和改革委员会	《乌恰县国民经济和社会发展第十三个五年规划纲要》	创建农业产业化示范基地,推进原料生产、加工物流、市场营销等一二三产业融合发展,促进产业链增值收益更多留在产地、留给农民。有效利用国际国内两个市场、两种资源,进一步加大农产品企业参加新疆农产品北京交易会、上海交易会、广州交易会、中国农交会等系列展会及疆外城市推介、销售活动。依托两个口岸优势,加快外向型农业发展,促进核桃、红枣、秋桃、蔬菜等产品出口
2023年10月	和田市发展和改革委员会	《和田市国民经济和社会发展第十四个五年规划和2035年远景目标纲要》	提质增效林果业。推动林果产业区域化布局、标准化生产、市场化经营,推动林果业产加销一体化发展。加快推动林果标准化基地建设,继续实施林果提质增效工程,加大核桃疏密改造力度,有序推动低产低效林地退出。到2025年,全市完成林果提质增效10万亩,林果面积稳定在26.4万亩左右,产量达到7.63万吨,果品加工率达到70%
2023年6月	沙雅县政府办	《沙雅县2023年民生实事工作方案》	加强林果提质增效。坚持绿色化、优质化、特色化、品牌化发展方向,适度发展名优特新品种和设施林果,以核桃品种改良升级为重点,大力引进林果产品精深加工龙头企业,引导80%以上果农加入林果业合作社,加快林果标准化生产和示范园建设。到2023年,林果面积稳定在25.8万亩以上,果品产量达到11.5万吨,人均林果业纯收入在3207元以上,占农民人均纯收入的14.19%以上

续表

时间	发布部门	政策名称	内容
2019年4月	乌恰县农业农村局	《乌恰县2019—2021年产业扶贫暨长效机制建立指导意见》	主要以果苗（杏树苗、核桃树苗、桑苗）、绿化苗（沙枣苗、柳树苗等苗木，及地被植物）、饲料苗（桑苗、沙枣苗）、木本花卉苗为主。以戈壁产业园、苗木产业扶贫、庭院经济扶贫、培育合作社等为抓手，全力培育发展苗木产业。苗木产业布局规模：2021年达到5000亩

第二节　技术环境

一、科研平台支撑情况

南疆核桃产业发展高度依赖科技创新，科研平台是推动产业技术进步的重要支撑。在现代农业产业发展过程中，科技创新能力的强弱直接决定了产业竞争力的提升幅度。尤其是在南疆地区，由于生态环境特殊，核桃产业面临干旱、盐碱、病虫害频发等众多挑战，这使得产业技术升级与创新需求更加迫切。为有效破解这些技术瓶颈，南疆地区近年来着力构建多层次、全方位、综合性的科研平台体系，涵盖种质资源保护与评价、先进育种技术研发、高效生态栽培技术推广、病虫害精准防控、产品精深加工及质量检测等全产业链重要环节。这些平台以解决产业发展的核心关键问题为导向，通过持续开展基础研究、应用技术开发、人才培养、成果转化及技术示范推广，极大地促进了南疆核桃产业的可持续健康发展。

（一）新疆维吾尔自治区林业科学院

新疆维吾尔自治区林业科学院是南疆核桃产业科技创新的主要力量之一，拥有多个具有重要影响力的科研平台：

1. 新疆林果树种选育与栽培重点实验室

该实验室长期以来致力于核桃种质创新、高效繁育技术开发、栽培技术调控及果品营养功能评价研究。实验室立足新疆特色优势林果产业需求，开展了大量核桃种质资源评价与收集保存工作，成功选育出多个适合当地生态环境的优良核桃品种,有效提升了南疆核桃产业的核心竞争力。

2. 新疆林木资源与利用国家林业和草原局重点实验室

该实验室专注于困难立地条件下的林木水分生理及其生理干预技术研究,针对南疆干旱、盐碱等特殊立地条件,成功开发出了一批水肥高效利用技术和抗逆栽培技术,为当地核桃栽培提供了坚实的理论和技术基础,在新疆特色林产品功效成分及生物作用机制研究方面亦取得显著成果。

3. 新疆林业测试中心／国家林草局经济林产品质量检验检测中心（乌鲁木齐）

该中心具备国家认证的高水平质量检测能力。中心拥有液相色谱飞行时间质谱联用仪等80余台(套)高精尖检测设备,长期承担核桃产品质量安全监测任务,保障了南疆核桃产业的产品质量与食品安全。

4. 新疆佳木果树学国家长期科研基地（佳木试验站）

该基地地处南疆阿克苏地区温宿县,占地面积1141亩,是国家核桃良种基地。基地开展核桃种质资源的长期保存与利用研究,并通过引进国内外先进品种和技术,形成了核桃种质资源的规模化繁育与推广体系。

（二）新疆维吾尔自治区农业科学院

新疆维吾尔自治区农业科学院建有农业农村部新疆地区果树科学观测试验站,站内建立了新疆核桃种质资源研究利用平台,保存国内外核桃优异品种资源120余份,建有核桃表型鉴定、生理生化、组织培养等实验室。建有新疆特色果蔬基因组研究与遗传改良自治区重点实验室,拥有1900平方米的实验室面积和总价值超过1160万元的仪器设备。该实验室针对新疆核桃开展了基因组数据挖掘、功能基因鉴定与种质创制等方面的研究,推动了核桃新品种选育和栽培技术的创新与升级。

新疆特色林果机械装备工程技术研究中心是自治区级重点科研平台,拥有2500平方米的实验室面积和113台套仪器设备。该工程技术研究中心主要开展核桃全程机械化关键技术装备的开发和应用。近年来,研发了核桃开沟、喷雾、修剪、采收、捡拾、枝条粉碎等生产管理机械化装备,以及脱青皮、清洗、干燥、分选、破壳、壳仁分离等采后加工成套设备,技术属国内首创,成果达到国际先进水平,广泛应用于南疆地区核桃生产实践中,取得了显著成效。

(三)塔里木大学

该校的南疆特色果树高效优质栽培与深加工技术国家地方联合工程实验室,于2016年10月经国家发展和改革委员会立项建设,以服务南疆特色林果产业全链条技术需求为宗旨。实验室面积6000平方米,现有固定人员57人、流动研发人员33人,研究生150余名。近3年,实验室承担各类科研计划项目126项,项目经费合计3000余万元,其中国家级科研项目18项、国际合作项目1项、省部级科研项目78项。获得省部级科技成果奖7项,发表论文142篇,获授权专利27项。该实验室在种质资源评价、抗逆品种选育、高效栽培模式开发、绿色防控技术研发和果品深加工技术创新等方面开展了系统深入的研究工作。通过长期的科研积累和技术创新,实验室开发的核桃水肥一体化技术、节水高效栽培技术、病虫害生物防治技术及深加工产品开发技术,极大地提升了南疆核桃产业链价值。

(四)新疆农业大学

新疆农业大学林学与风景园林学院源于1952年八一农学院建校初期创办的森林系。学院一直从事有关核桃优良品种选育与优质丰产栽培方面的研究工作。通过核桃种质资源调查,查清了南疆四地州核桃种质资源的情况,全面掌握了新疆乡土核桃品种资源的基础信息,并建立了全国唯一的野核桃种质资源信息数据库,为新疆核桃的新品种选育奠定了基础;以核桃坚果生长发育过程中的生理代谢为出发点,明确了核桃授粉受精过程的基本规律,阐明了核桃碳水化合物同化与分配同叶果比的关系,构建了坚果品质指标和叶片营养元素含量的光谱反演模型,摸清了氮素对根系呼吸调控机理,为新疆核桃产业提质增效提供了技术支撑。先后承担国家、省(部)级核桃相关课题40多项,获得省部级奖励4项,在国内外学术刊物上发表核桃相关论文100多篇,获批国家发明专利10余项,出版核桃相关著作7部,对新疆林业的可持续发展和我国核桃产业的进步起到了重要的科技支撑作用。

（五）疆外科研机构

1. 中国林业科学研究院林业研究所

该所的核桃产业基础研究团队在裴东研究员的带领下，针对南疆地区多发的焦叶症进行了深入研究，调研南疆核桃主栽区17个县（市、区）291个核桃园的焦叶症发生情况。首次科学描述了新疆核桃焦叶症从轻症到重症的发展过程，建立了核桃焦叶症的精准快速诊断技术体系，研制具有自主知识产权的高效防控制剂，研发其配套生产技术，建立核桃焦叶症典型发生区精准防控技术方案，形成高效综合防控技术规程，认定了核桃焦叶症是一种生理性病害，为核桃焦叶症的科学调查奠定了基础，也指明了研究方向。在此基础上，建立了核桃焦叶症综合防控试验园630亩，示范推广300亩，防效均在85%以上。

2. 中国农业科学院农产品加工研究所

该所的王强研究团队在自治区重点研发任务专项的支持下，针对南疆地区核桃制油多采用螺杆压榨等技术，压榨温度高，会导致油脂易氧化、蛋白变性重、核桃饼粕无法进一步加工等问题，开展了高品质核桃油—蛋白联产关键技术攻关与产品研发的相关研究。以新疆核桃加工专用原料为对象，基于梯次加工与综合利用理念，研发高品质核桃油与低残油低变性核桃蛋白制备技术，并深入探究核桃油与蛋白深加工过程中脂肪酸、蛋白等关键组分结构变化与其稳定性、安全性、营养功能特性的关联机制，为新疆核桃加工产业提质增效提供支撑。

3. 北京市农林科学院林业果树研究所

北京市农林科学院林业果树研究所针对南疆地区核桃品种资源丰富、加工适宜性不明确的问题，调查和收集南疆地区核桃品种近70个，明确了不同品种的核桃原料特性与其制品品质之间的相关性，筛选出适宜仁用、油用加工的核桃专用原料品种，为南疆核桃的加工品种专用化、标准化奠定基础。北京市农林科学院智能装备技术研究中心针对南疆核桃生产作业过程智能化装备缺失、信息化管理水平低的问题，重点开展了肥药精准施用技术研究，创制有机肥对靶侧喷施控制系统、精准对靶施药控制系统，突破农机装备作业信息在线监测技术和生产信息智慧管理技术，开发农机装备物联网监测系统，为构建核桃智慧高效绿色生产技术体系奠定基础。

上述科研平台之间积极协同合作，形成了以问题导向、协同创新、成果转化为核心特征的产学研一体化科技创新网络。无论是在核桃种质资源收集与创新、优良品种选育、高效栽培技术集成，还是在绿色防控、产品深加工、质量检测等关键环节，这些平台均发挥了不可替代的引领与支撑作用。可以说，正是有了这些高水平科研平台的持续支撑与共同发力，南疆核桃产业才能不断提升综合竞争力，在高质量发展道路上行稳致远。

二、科研项目支持情况

近年来，南疆核桃产业在国家、自治区及多级科研管理机构的大力支持下，陆续承担和实施了一系列重大科研项目。这些项目聚焦产业发展的核心关键环节，如种质创新、高效栽培、病虫害防控、采后加工、品质提升及智能装备研发等，内容丰富、层级清晰、作用显著，为南疆核桃产业的提质增效与可持续发展提供了坚实的科技支撑和实践路径。

（一）国家重点研发计划项目

国家重点研发计划作为国家科技创新的"龙头工程"，在引领南疆核桃科技创新方面发挥了战略支撑作用。

1. "新疆核桃等特色油料作物产业关键技术研发与应用"项目

该项目于2022年11月启动，并于2023年2月24日在阿克苏地区正式立项实施。该项目由新疆农业科学院牵头，中国林业科学研究院、中国检验检疫科学院、阿克苏浙疆果业有限公司等10家单位联合攻关，设有五大课题与20个子课题，重点聚焦核桃油用专用良种选育及授粉组合构建、核桃油稳态化加工与品质调控、加工工艺集成与产业化示范等关键技术问题，致力于全面提升南疆核桃油料产业的核心竞争力。

2. "西北特色经济林及林草植被高质量发展技术集成与示范"项目

该项目于2024年12月26日，由中国林业科学研究院经济林研究所牵头，新疆维吾尔自治区林业科学院、甘肃省林科院、青海大学等10家单位联合申报并获批。项目聚焦西北地区经济林生产力不高、生态服务功能不足等问题，面向核桃、红枣、杏李等7个特色经济林树种，统筹推进良种繁育、优质高效栽培、生态功能提升和产业集成创新，为西北经济林可持续发展提供系统解决方案。

（二）自治区重点研发项目

在自治区科技厅牵头组织下，一批聚焦新疆核桃产业关键技术攻关的自治区重点研发计划项目陆续实施，进一步推动了区域内核桃产业高质量发展。

1. "新疆核桃产业提质增效技术开发与示范"项目

该项目自2017年启动，由新疆农业科学院、新疆农业大学、新疆维吾尔自治区林业科学院等科研机构联合和田果之初食品股份有限公司、新疆美嘉食品饮料有限公司等企业共同开展。项目以全链条技术集成为主线，围绕标准化种植、精准施肥、病虫害综合防控、果树修剪机械、质量控制和采后处理技术进行系统研究和应用，推动传统核桃种植向现代集约化生产转型升级。

2. "新疆核桃精深加工产品关键技术研究与应用"项目

该项目为2022年度自治区重点研发任务专项，由自治区供销合作社牵头承担，于2023年2月正式启动。该项目为期三年，致力于突破原料预处理智能一体化、核桃仁精制分级及核桃油—蛋白联产加工等技术瓶颈，构建高附加值产品研发与评价体系，推动南疆核桃加工由粗放向智能化、精细化转型。

3. "新疆核桃种质创新及生产关键设备研发与应用"项目

该项目作为2024年自治区重点专项，于2025年1月正式启动，由新疆维吾尔自治区林业科学院牵头实施。该项目旨在系统开展核桃种质资源类型本底调查，开发节水高效的栽培管理技术和适配性强的采收、破壳装备，提升核桃生产全过程的智能化与机械化水平，构建"种质—技术—装备"一体化发展新模式。

（三）揭榜挂帅项目

揭榜挂帅机制的引入，为解决核桃产业重大疑难问题提供了高效通道。

"新疆核桃焦叶症发生机制及综合防控技术研究"项目由中国林业科学研究院林业研究所牵头实施,聚焦困扰南疆核桃生产的主要病害——焦叶症的病因机制与防控技术。项目按照"科研院所/大学研发—企业产业化生产—基层单位成果应用"的完整链条推进,推动建立核桃病害防控产学研用一体化平台,探索植物病害系统性防控新路径,具有重要的现实意义与推广价值。

（四）其他重要科研项目

除国家与自治区重大项目外,南疆核桃产业还积极参与并实施了一批具备区域特色和技术深度的科研项目,形成多元化科研支撑体系。

1. 新疆大学依托叶城核桃产业研究院,实施"培育高素质农民—科技助力乡村振兴"项目,通过核桃标准体系构建、科技成果示范转化、智能装备开发等手段,推动核桃产业数字化、标准化建设。在叶城县建立700亩核桃科技示范园,配套设计核桃伞式收集装置、自走式振动落果机等关键装备,助力叶城打造智慧果园样板。

2. 2022年,浙江省农科院与阿克苏浙疆果业有限公司联合承担"阿克苏鲜核桃采后高品质保持技术研究与应用"项目,属浙江省"尖兵""领雁"计划。该项目围绕鲜核桃采后储运保鲜难题,研发果品水分与呼吸调控方案,提升产品在长途运输与跨区域销售过程中的品质稳定性,为南疆核桃产品拓展外埠市场提供技术支撑。

3. "新疆薄皮核桃产业集群建设"项目于2020—2022年获农业农村部与财政部支持,中央财政奖补资金达2.0亿元。该项目以产业集群带动为核心,涵盖阿克苏市、叶城县、墨玉县等7个县（市、区）,联动科研单位、龙头企业、合作社等多方主体,探索"科研+企业+基地+农户"全产业链发展新路径,构建起新疆核桃全域协同发展新格局。

4. "新疆梨、核桃、枣主要性状遗传资源评价（估）和功能基因挖掘"项目由兵团南疆重点产业支撑计划资助,于2017—2021年实施,由吴翠云主持。该项目围绕核桃等主要果树的遗传资源开展系统评价与基因挖掘,积累了大量基础数据与关键种质资源,对推动南疆核桃遗传育种和功能基因研究具有重要支撑作用。

综上所述，近年来南疆核桃产业科研项目呈现出覆盖广、层级高、体系全、应用强的显著特点，构建起"国家—自治区—地州—县区"多层次、多类型、多渠道的科技项目体系。这些项目紧紧围绕南疆核桃产业发展中存在的突出问题，持续推进关键技术攻关与产业化应用，强化产学研融合与成果转化，显著提升了核桃产业的整体科技水平与核心竞争力。随着未来更多高层级项目的实施与纵深推进，科研项目支持将继续为南疆核桃产业提供强大的技术引擎与发展动能。

三、技术协会、联盟的协同推动

在南疆核桃产业的转型升级过程中，各类技术协会和产业联盟扮演着不可或缺的角色。以核桃产业国家创新联盟为例，这个由国家林草局首批批准运行的创新平台，联合了科研院所、高校和企业等多方力量，在乌什等重点产区实施"核桃产业创新发展战略规划"。联盟成员开发的清水脱衣等创新加工技术，不仅提高了产品附加值，还带动了整个深加工产业的技术进步。同时，联盟还组织专家团队攻克了核桃焦叶症等产业难题，为农户提供了切实有效的技术支持。

（一）产学研协同推动全产业链发展

这些行业组织通过整合资源，实现了从种植到销售的全链条协同发展。核桃产业国家创新联盟牵头实施的科技项目，将实验室成果快速转化为实际生产力。在地方层面，喀什核桃产业协会等组织积极配合政府工作，推动标准化生产和品牌化营销。新疆农业产业化龙头企业协会则致力于促进企业合作，帮助核桃产品拓展市场。这种产学研用紧密结合的模式，让新技术、新标准能够快速落地应用，有效提升了产业整体竞争力。

（二）品牌建设与市场开拓的实际成效

在品牌培育方面，产业联盟通过订单农业和公益助农等模式，与知名企业共建国家级产业基地。新疆地理标志产业协会为核桃等特色产品提供品牌保护，提升市场影响力。农业农村部支持的新疆薄皮核桃产业集群项目，更是将规模化种植、标准化加工和品牌化销售有机结合，形成了一套可复制的成功模式。各类论坛和专家服务活动的举办，不仅传播了先进理念，也为产销对接搭建了重要平台。

（三）对乡村振兴的持续支撑

这些行业组织通过建立多层级支撑体系，为南疆核桃产业的高质量发展提供了制度保障。从解决具体技术难题到优化整体产业生态，从提升单产品质到打造区域品牌，协会和联盟的工作覆盖了产业发展的各个环节。未来，随着绿色发展和品牌战略的深入推进，这些组织将继续发挥桥梁纽带作用，为南疆乡村振兴提供持久动力。它们的实践表明，产业要发展壮大，既需要技术创新，也需要组织创新，两者缺一不可。

第三节　市场需求

一、消费者对南疆核桃及其相关产品的认知与需求

近年来，健康饮食理念的普及让越来越多的消费者开始关注新疆核桃的营养价值。南疆出产的优质薄皮核桃，特别是阿克苏温宿县的'温185'品种，因其饱满的果仁、浓郁的香味和细腻的口感赢得了广泛好评。这款荣获"中华名果"称号的核桃产品，不仅在国内市场建立了良好口碑，也进一步强化了消费者对南疆核桃整体品质的认可。许多消费者表示，他们选择南疆核桃正是因为看中其富含不饱和脂肪酸、维生素E和多种微量元素的营养特点，以及绿色产地的健康形象。

（一）市场对核桃产品形态的需求变化

随着消费升级，市场对南疆核桃产品的需求正呈现出明显的多样化趋势。除传统的干核桃外，脱衣核桃仁、核桃粉、核桃油和核桃乳等深加工产品越来越受欢迎。这种变化反映出消费者对方便食用、高营养产品的强烈需求。在烘

焙店和保健品柜台，南疆核桃原料的使用量持续增长，显示出其在食品加工领域的广阔应用前景。不少消费者反馈，他们更愿意购买经过深加工的核桃产品，因为这样既方便食用，又能更好地保留营养成分。

（二）南疆核桃销售渠道的多元化发展

南疆核桃已经建立起覆盖线上线下的全渠道销售网络。在阿克苏地区，上千家电商企业通过直播带货、社交电商等新形式，将核桃产品直接送到消费者手中。这种创新的销售方式不仅提高了交易效率，也让更多消费者能够直观了解南疆核桃的优良品质。同时，新疆核桃（和田）交易市场等专业平台，通过整合"龙头企业+合作社+农户"的资源，确保产品从产地到市场的顺畅流通。传统商超和批发市场渠道也保持稳定增长，形成了优势互补的销售格局。

（三）区域品牌影响力持续提升

"新疆核桃"和"阿克苏核桃"等区域品牌正在获得越来越多消费者的认可。在北京、天津、郑州、西安等北方城市，南疆核桃的市场渗透率显著提高，特别是在中秋、春节等传统节庆期间，销量增长尤为明显。通过参加各类农展会和品牌推介活动，南疆核桃的知名度不断提升。许多消费者表示，他们选购核桃时会特别关注产地标识，认为新疆出产的核桃品质更有保障。这种品牌效应正在转化为实实在在的市场竞争力，为南疆核桃产业带来更好的发展机遇。

二、国际市场需求分析

2024年新疆核桃出口呈现出强劲增长态势，全年出口额达15亿元，占全区果品出口总额的51.7%。目前，南疆核桃已远销俄罗斯、土耳其、中亚五国、东南亚及部分欧盟国家等18个国家和地区。这一成绩的取得，主要得益于新疆核桃稳定的品质和持续提升的供应能力。与其他产区相比，南疆核桃以果形整齐、果仁饱满、色泽淡黄的优良特性，赢得了国际消费者对"健康、自然、安全"食品的青睐。

（一）物流与营商环境持续优化

近年来，中欧班列、西部陆海新通道等物流基础设施的完善，使新疆核桃出口运输效率显著提升。与传统海运相比，运输时间缩短了一半，更好地保持了产品的新鲜度和品质。同时，新疆出口营商环境不断改善，截至2024年具备出口资质的林果企业已超过300家，较2022年增长30%以上。客来木、浙疆果业等龙头企业已在国际市场建立了稳定的销售网络，为更多企业"走出去"提供了示范。

（二）产品结构与市场挑战

目前，南疆核桃出口仍以干核桃、核桃仁等初级产品为主，但企业正积极向深加工产品转型，核桃油、核桃乳等高附加值产品开始进入国际市场。不过，面对国际坚果品牌的激烈竞争，南疆核桃出口仍面临诸多挑战：国际技术标准与认证要求日益严格，运输和营销成本居高不下，品牌影响力有待提升。未来需要加强有机认证体系建设，积极参与国际展会，才能在高端市场获得更大发展空间。

（三）未来发展方向与机遇

展望未来，南疆核桃出口要实现持续增长，必须加快品牌化建设步伐。一方面，要完善从种植到加工的全产业链质量控制；另一方面，要加大在国际市场的宣传推广力度。通过参加全球农产品博览会等贸易平台，提升新疆核桃在国际高端市场的知名度和美誉度。同时，继续优化物流通道，降低企业出口成本，为开拓更广阔的国际市场创造有利条件。

三、国内市场需求分析

新疆作为全国核桃主产区之一，其在国内市场具备产量优势、品质优势和产业组织优势。优越的自然生态条件赋予了新疆核桃独特的口感与营养特性，加之政府持续推进农业结构调整、产业化经营水平不断提高，使得新疆核桃在国内市场的地位日益巩固。

（一）健康消费升级推动核桃需求增长

随着人均可支配收入的提高和健康意识的增强，核桃作为功能性食品受到了消费者的广泛认可，特别是在城市中产阶层和老龄群体中需求旺盛。核桃不仅用于日常食用，还大量应用于糕点、早餐粉、功能食品及母婴食品等领域。新疆核桃因其产品多样性与营养稳定性，成为各类食品企业的首选原料来源。

（二）深加工产品打开多元化消费场景

市场对核桃深加工产品的接受度也显著提升。包括脱皮核桃仁、即食核桃、小包装核桃仁、核桃饮品等系列产品陆续进入连锁超市、便利店、高端电商平台等主流销售终端，实现从原料型产品向消费品的转变。例如，新疆果业集团有限公司开发的坚果粉、核桃酱等产品，满足了不同消费层次与场景的多样化需求。

（三）全产业链整合提升市场供给效率

产业链整合和市场网络的完善也是推动需求增长的重要保障。以"种植—加工—销售"一体化的全链条模式为基础，政府通过政策资金扶持合作社升级加工设施、引入智能分级技术和冷链仓储技术，有效提升了核桃产品的储存保鲜能力与市场流通效率。如阿克苏市和墨玉县等地已形成集种植、加工、冷链、物流、电商于一体的现代核桃产业体系，实现了供需两端的精准对接。

总体来看，南疆核桃在国内市场持续拓展消费场景，在国际市场稳步扩大出口规模，消费需求呈现出结构多样化、渠道复合化、品质高端化的显著趋势。未来，需在提升产品附加值、强化品牌影响力、建设标准化体系、深化产业链协同等方面持续发力，以满足国内外消费者不断增长和细化的市场需求，进一步巩固其在中国核桃产业中的核心地位。

第四节 与国内其他地区比较

南疆地区凭借适宜核桃生长的气候条件、良好的土壤透气透水性以及完善的灌溉系统,加之当地鼓励核桃产业发展的政策支持,形成了独特的核桃产业发展优势。

一、核桃品种资源

(一)南疆核桃品种在品种化方面的优势

南疆地区核桃种植历史悠久,种质资源丰富,在全国核桃产业中占有重要地位。目前,该地区核桃良种使用率超过80%,已成功培育出'新新2''温185''扎343''新丰'等优质品种。通过持续实施提质增效工程,核桃产品质量显著提升:白仁率达80%以上,空壳率和瘪仁率降至5%左右,实现了种植面积、产量和质量的同步增长。

新疆维吾尔自治区林业科学院佳木试验站和新疆农业科学院叶城试验基地是新疆重要的林木良种资源汇集平台。新疆维吾尔自治区林业科学院佳木试验站收集和保存新疆本地及国内北方省区核桃主栽品种和优良单株200个以上。一直为南疆特色林果产业发展提供良种和配套技术,先后选育出'温185''新新2'等核桃优良品种。新疆农业科学院叶城试验基地核桃种质资源汇集圃收集和保存新疆本地、国内其他省区和国外核桃种质资源125份,其中新疆本地选育品种20份,新疆野生核桃优异单株类型14份,新疆本地优异实生类型46份,国内其他地区培育并主要栽培的优异品种23份;每个品种/类型保存了3株以上。试验站的建设为新疆经济林树种的遗传育种研究和与各科研院所、高校开展交流、合作、研究提供场所和资源保障。

得益于优越的自然环境和生产条件,南疆核桃在多种营养成分和油脂积累方面表现突出。与国内其他主产区相比,南疆核桃具有结果早、果形大、出仁率高、品质优良等特点。以'温185'为例,其出仁率和含油率均高于国内主栽品种。与美国品种'强特勒'相比,'温185'在单果重、出仁率、果面美观程度等方面均有优势:'温185'单粒重平均为15克,'强特勒'平均为11.2克,较'强特勒'重3.8克;'温185'出仁率相对较高,出仁率为65.9%,而'强特勒'为56.3%;'温185'壳厚为0.8毫米,比'强特勒'壳更薄,并且坚果表面较'强特勒'光滑。同时,'新新2''温185''扎343''新丰'等品种还具有果仁饱满、内褶壁退化、取仁容易等特点,特别适合机械化加工,这些优势显著提升了南疆核桃的市场竞争力。

目前,新疆通过良种审定的核桃品种30余个,南疆地区主栽品种包括'温185''新新2''扎343''新丰'和'新早丰'等。

近年来,新疆维吾尔自治区林业科学院新获得5个核桃新品种权,分别是'新叶1号''新和1号''墨宝''新辉'和'新盛'。这些新品种的共同特点是核仁香甜、涩味少,特别适合鲜食。其中:

'新叶1号':坚果阔椭圆形,出仁率高;'新和1号':单果重26.44克,出仁率41.0%;'墨宝':单果重23.14克,出仁率56.21%;'新辉':单果重26.22克,出仁率49.18%;'新盛':单果重15.38克,出仁率50.6%。

经过长期实践,南疆地区形成了两大主栽体系:阿克苏地区的'温185'+'新新2'组合,以及喀什、和田地区的'扎343'+'新丰'组合,这两个体系占全疆核桃种植总面积的70%。这些早实核桃品种具有结果早、丰产性强的特点,能帮助种植者快速获得收益。其中:

'温185'+'新新2'适合园式集约化栽培,盛果期亩产250~300千克。

'扎343'+'新丰'适合林农间作栽培,盛果期亩产150千克。

（二）南疆核桃在品种优化方面的不足之处

1. 部分地区仍存在品种混种、混采、混收等问题,导致商品价值降低

尽管南疆核桃良种化已推进10多年,且取得了十分显著的效果。但是,仍然存在部分地区核桃品种种植混杂,由于混采混收导致商品性差、不易储存等问题,部分实生、杂品种树未进行嫁接改良,在和田、喀什地区此类情况较为凸显。

2. 核桃坚果品质有待进一步改善

'温185'核桃早实、壳薄、出仁率高,受市场欢迎,但壳薄、缝合线不紧等特性易导致运输损耗大,易受细菌污染,造成苦涩味偏重、生食口感欠佳等问题。

3. 早实品种存在早衰现象,树体经济寿命不及预期等问题

由于遗传因素、栽培管理不当或环境胁迫等原因,早实核桃树体易出现早衰现象,树体长势衰退,新梢发育受阻,根系退化,须根数量锐减,落花落果率较正常树增加50%以上,结果能力显著下降,产量骤减,核桃坚果出现个头变小、壳厚增加、出仁率下降等品质劣化现象,树体经济寿命达不到预期。

二、核桃栽培技术

(一)南疆核桃在栽培技术方面的优势

近年来,南疆核桃由零散种植向着规模化、集约化方向转变,苗木繁育、土肥水、病虫害防治、整形修剪和嫁接改造等栽培管理都严格按照技术规程要求进行,不仅为林果加工业提供了可靠的原料来源和品质保证,还同时具有显著的规模优势。南疆核桃主产区较为集中,主要分布在阿克苏、喀什、和田三地区,三地区核桃产量占全区产量的90%以上。南疆的核桃种植采用和美国相似的大田种植模式,种植集中连片,非常适合进行机械化作业,实现生产效率和效益的提升。而我国内地核桃主产省(区、市),如云南、山西、陕西等地区核桃主要种植在山地、丘陵地带,种植区域分散,难以进行机械化作业。因此,在生产模式和栽培技术方面,新疆与内地核桃主产省份相比具有很强的竞争优势。

(二)南疆核桃在栽培技术方面的不足之处

总体来看,南疆核桃栽培技术仍然落后,管理方式粗放,主要表现在:

1. 把核桃当"懒人树"管理,农民对核桃的田间管理水平较差,集约标准化意识不强。分散的农户不愿意过多地投入,按照传统的方式种植,水肥管理

主要依靠农民自身经验，水肥措施跟进不及时、不稳定、利用率低，间作园灌水时间、灌水量不适宜，在一定程度上影响了核桃产量和质量的提高。

2. 传统密植模式下，由于核桃树体高大和枝条交错，导致树体郁闭、通风透光性差、光合效率低，造成核桃空壳率高，产量低，严重影响核桃品质，传统人工修剪作业方式无法完全满足当前种植规模的需求。

三、加工技术及产业化

（一）南疆核桃加工技术及产业化优势

南疆核桃产业在区域经济发展中具有独特的政策优势和较强的发展基础，当地政策进一步明确了对核桃等经济作物的资金补助投入，自治区林业厅与科技厅安排了林果业财政预算，根据相关文件成立专项资金。这些相关优农惠农的政策及举措，有力地支持了南疆地区的核桃产业发展。近年来，南疆核桃产业化水平逐年提高，核桃玛仁糖、核桃油、核桃乳等核桃加工品逐步占领市场。阿布丹牌核桃玛仁糖系列产品已通过有机食品和HACCP认证，阿克苏核桃、叶城核桃取得国家地理标志产品认证，"宝圆"牌核桃、"阿克苏"核桃获得新疆著名商标称号。目前，全疆以新疆果业集团为首的多家核桃生产加工企业，已发展成为加快核桃产业化发展的排头兵，产业化经营带动力逐步提高，实力不断增强，促进了南疆农村经济结构调整和农民的持续增收。

（二）南疆核桃在加工技术及产业化方面的不足之处

南疆核桃产业加工能力不足，大多停留在初加工阶段，精深加工和综合利用能力较弱，加工产业链短，与国内其他核桃主产省份存在一定差距，主要表现在：

1. 南疆核桃以初级加工为主，对青皮核桃进行脱青皮、清洗、烘干处理，或将带壳的核桃去壳加工成核桃仁，并采用分级和包装等初加工方式。初加工产品主要以核桃和核桃仁为主，占到核桃产品的95%以上，造成产业链不易向下游延伸，无法跳出当前核桃产品单一、价格竞争激烈、收益日渐降低的发展模式。

2. 南疆核桃深加工技术滞后,产品深加工能力低,精深加工的企业比例小,深加工产品在市场上的占有率较低。当前,我国核桃产品已初步实现多元化和精细化,核桃深加工产品有核桃油、核桃粉、核桃乳、核桃露、核桃玛仁糖、核桃酱、核桃肽、核桃工艺品以及核桃壳颗粒等。南疆核桃产品的开发还落后于很多内地核桃主产省,仅有为数不多的龙头企业开展了核桃油、核桃乳、核桃粉等深加工产品的生产。

3. 南疆核桃综合利用率偏低,核桃青皮、壳、隔膜等加工副产物利用不足,造成损失和浪费,未能充分实现核桃资源多元化的增值效益,产业竞争力有待进一步提高。

4. 南疆核桃产业精深加工技术推广应用不足,难以满足现代核桃产业发展的需求。

四、市场销售

(一)南疆核桃在市场销售方面的优势

南疆核桃产业销售方式呈现多元化发展态势,有效促进了包括核桃在内的林果产业的发展。虽然传统营销模式仍是新疆林果产品销售的主渠道,但互联网营销额在核桃销售中的比重不断增加。多方位、多渠道、多元化发展的营销网络和市场营销体系对于打造南疆核桃品牌,提高南疆核桃市场占有率发挥了重要作用。据统计,自治区内现有规范化运行果品批发市场100余家,在南疆建设林果产品仓储收购交易中心项目9个,自治区外累计开辟商超、卖场、销售网点4.3万余家,电子商务平台3000余家。南疆作为我国核桃生产的主要地区,对于中亚、西亚市场出口具有明显优势。南疆核桃通过中欧班列到达西亚和欧洲的时间为18~20天,比海运节省了一半时长,核桃品质也得到较好的保证。未来,中欧班列的常态化运行,有望推动更多中国核桃进入欧洲市场。

(二)南疆核桃在市场销售方面的不足之处

1. 南疆核桃产品的品牌营销力度不够。一是主产区大多数农户以统货销售为主,混装混销,不进行分级销售。二是在批发市场,南疆核桃都以散批散卖为主，核桃质量优劣不一，大多是好坏混售，无法实现优质优价，不利于树立和提高南疆核桃整体品牌形象。三是在商超销售带包装的南疆核桃品牌繁多、低端零售大众化包装混杂，很难让消费者形成对南疆核桃品牌的清晰认知。

2. 品牌宣传氛围不浓厚。不能充分利用相关媒体、广告宣传南疆核桃产品，市场开拓不足、品牌影响力不强、企业辐射带动能力弱。与云南、山西等内地核桃产品相比，在营销手段、品牌建设等方面差距较大。

3. 市场营销开拓能力薄弱。企业和专业合作社普遍缺乏懂经营管理的人才和能带动产业发展、增强产品销售的人才，难以实现规模化经营管理，导致市场开拓能力不强。

4. 市场流通体系和营销网络建设滞后。南疆核桃产品市场流通体系正处于建设时期，产地专业批发市场缺乏，制约了南疆偏远落后地区的核桃外销。同时，农民组织化程度低，引进和培养龙头企业难，龙头企业辐射带动能力弱，不能发挥连接市场、合作组织、农户之间的纽带作用。

5. 南疆核桃生产种植和物流运输成本高，导致核桃利润很低，影响市场销售。南疆核桃生产种植的成本较高，是全国核桃生产平均投入成本的3.22倍，是云南核桃生产投入成本的4.4倍。这主要是由于新疆核桃主要在平原大田内连片种植，生产过程中需要投入许多人力成本和生产资料，而云南、陕西等内地省份核桃主要种植在山地、丘陵等地带，核桃单产较新疆低，但生产要素投入较少。物流运输方面，新疆核桃主要以陆运为主，从产地运至内地城市，运输距离远、成本偏高。

第三章

南疆核桃产业发展
重点区域

核桃为新疆第一大林果树种，栽培历史悠久，地域分布广泛。新疆以全国5.2%的核桃种植面积，实现全国20%以上的产量供给，单位面积产出效率显著高于全国平均水平，凸显区域比较优势。南疆阿克苏、喀什、和田三地区构成核桃产业核心集聚区，19个县域种植面积超10万亩，阿克苏地区为产业核心带，喀什地区为产业潜力增长带，和田地区为产业基础支撑带。三地区种植面积占全疆95.3%，产量占比达96%。温宿、叶城等7个优势县（市、区）入选国家薄壳核桃产业集群建设项目，在中央财政奖补资金支持下，构建起覆盖标准化生产、冷链仓储、精深加工、品牌营销及农旅融合的全产业链体系，2024年产业集群总产值突破120亿元，联农带农覆盖率达78.6%。本章将从政策驱动效应、区域布局特征、产业链协同机制等维度，系统解析南疆核桃产业重点区域的发展路径与实践成效，为边疆民族地区特色产业振兴提供经验借鉴。

第一节　阿克苏地区核桃产业发展

一、政策资金支持

（一）政策支持情况

新疆阿克苏地区的核桃管理水平、集约化程度、良种化水平、单位面积产量均居全国第一。中央财政通过奖补资金重点支持核桃标准化基地建设、品牌培育及加工技术升级，推动产业集群化发展，提升产业链综合竞争力。自治区党委、人民政府高度重视特色林果业发展，把林果业作为主导产业来抓，制定了《自治区林果产业发展"十四五"规划》《自治区绿色有机果蔬产业集群建设行动计划（2023—2025年）》。核桃产业发展坚持控面积、提品质、精加工、树品牌，推进低效核桃园改造，加快核桃新品种良种化进程，提高果品质量和单产，拓展精深加工产品品类，实现核桃产业由大到强的转变。阿克苏地区大力推进核桃产业提质增效，从核桃全产业链各环节上下功夫，逐步构建起"吃干榨净"的核桃全产业链，以延链、补链、壮链、优链为主攻方向，狠抓提质增效、招商引资、加工转化、品牌营销、科技创新等重点环节，提高经济效益和核心竞争力，推进核桃产业高质量发展。

（二）资金支持情况

阿克苏核桃产业的政策资金支持体系以中央财政奖补为引领，结合地方专项、金融信贷、援疆项目及科技合作，形成了全产业链覆盖的扶持网络。这些资金不仅推动了种植标准化和加工升级，还通过品牌建设与市场拓展，助力阿克苏核桃年产值突破百亿元，成为乡村振兴的支柱产业。

2024年，自治区林草局在阿克苏地区温宿县、喀什地区叶城县建设2个生产标准化、作业机械化、产加销一体化、服务社会化、管理数字化的核桃产业集群示范区。支持建设集名优特新品种、简约化栽培、低效园改造、水肥一体化、机械化生产、数字化管理等技术综合应用的核桃示范园9个，安排资金248万元；在林果"两张网"、产加销体系建设、林果技术合作社方面给予1200万元资金支持。自治区财政将核桃纳入地方优势特色农产品保险补贴范围，农户自缴20%，财政补贴80%，南疆四地州额外享受35%的保费补贴，降低种植风险。

二、基地建设

2024年，阿克苏地区已建成优质核桃基地270.95万亩，总产量64.37万吨，核桃总产值83亿元，核桃收入占农民人均纯收入的19.5%，成为农民增收致富、乡村振兴的支柱产业，获"国家级核桃示范基地""全国知名品牌创建示范区"称号。该地区年出口核桃及其制品7.4万吨左右，主要出口地为俄罗斯、土耳其、阿联酋、吉尔吉斯斯坦、巴基斯坦等。

核桃是阿克苏地区六大特色果品之一，当地随着大力实施林果提质增效工程，推动标准化种植改造低产果园、优化品种和科学管理（如修剪、施肥），核桃商品率从2023年的80%提升至86%，品质显著提高。2024年阿克苏地区完成林果技术培训4300余场次25万人次，建成1个地区级、7个县市级、72个乡镇级示范园，在核桃主产区（如库木巴什乡、温宿县恰格拉克乡等）建设了多个核桃仓储加工集配中心，总经营服务设施面积达11.4万平方米，显著提升了核桃的初加工能力（如脱青皮、分选等），加工转化能力达到20万吨。建成了南疆最大的冷链仓储基地，总仓储保鲜能力超过10万吨，并配备智能分选分级生产线，有效延长鲜果销售周期，保障核桃等林果产品的四季均衡供应。

三、加工情况

阿克苏地区作为新疆核桃产业的核心产区，近年来通过深加工技术升级、设备优化及产业链延伸，显著提升了核桃加工能力与附加值，实现了从传统种植向现代化深加工的转型。2024年，阿克苏地区新增林果加工企业15家，全地区林果企业达223家，加工能力提升至154万吨，其中精深加工能力52.69万吨。通过引入核桃油、核桃粉、玛仁糖等高附加值产品生产线，延长产业链。

阿克苏晟鼎油脂公司构建了"龙头企业+基地+合作社+科技+农户"的发展模式，推动了核桃全产业链建设，建成5000吨核桃超临界萃取榨油生产线，每年可消耗核桃1.5万吨。阿克苏浙疆果业有限公司通过引进国内领先的生产技术及设备，实现生产过程的高效率、高精度。目前，该公司拥有1条全自动核桃烘烤流水线，可实现日产多口味纸皮核桃50吨；1条多光谱核桃仁分选线、2条X射线核桃透选分级生产线，日分选能力达100吨。同时，公司还引进核桃油低温压榨生产线、核桃自动剥壳机、枣泥糕生产线等设备，生产多口味纸皮核桃、核桃仁、核桃油、核桃枣泥糕等六大系列90款产品，年收购核桃原料超1.2万吨，直接或间接带动3600多户农户增收，并提供200余个本地就业岗位。阿克苏裕农果业有限公司按照"公司+合作社+基地+加工厂+农户"的经营模式，整合优势资源，打造利益联结机制，既提升了果品商品率，又延伸了核桃产业链，年加工核桃5万余吨，使周边农民种的核桃产得出、有销路、有收入。阿克苏鲜丰水果有限公司以"十城百店"工程及"疆果东送"的实施为契机，建设智慧农产品加工中心对核桃进行深加工，主要生产奶香味、草本味等入味核桃产品，2024年将加工量提升50%，全年产值达2亿元，原料主要来自阿克苏本地区及和田、喀什等地区，产品通过全国2700多家连锁门店及商超销售。

四、品牌建设

阿克苏地区核桃产业品牌建设成效显著，近年来通过标准化生产、精深加工、市场推广及质量认证等多维度举措，构建了具有竞争力的区域品牌体系。以"阿克苏核桃"为核心，先后注册了"宝园核桃"等知名品牌，构建"新疆礼物—阿克苏好礼"品牌体系，并推动"阿克苏核桃"地理标志证明商标的推广及国家地理标志产品的申报工作，形成"区域品牌+企业商标"联动模式。目前，阿克苏核桃已入选《新疆特色林果产品指导目录》，品牌知名度和市场影响力显著提升。

阿克苏地区通过引进龙头企业，建设核桃精深加工生产线，开发核桃油、核桃枣泥糕等多元化产品，实现核桃从"原字号"向高附加值产品的转变。2024年，企业通过技术创新和品质提升成功签约2500万元核桃产品订单，并推动产业链向高端市场延伸。依托"十城百店"工程、产销对接会及电商平台，阿克苏核桃构建起了线上线下协同销售网络，2024年林果产品网络零售额同比增长21.69%，线上销售占比显著提升。2024年，阿克苏核桃通过"疆果东行"等渠道销往长三角、珠三角等地，在浙江、上海等东部省份设立前置仓82个，并远销中亚、西亚市场。同时，通过抖音、快手等新媒体加大宣传，提升品牌曝光度。2024年10月举办的第十届新疆特色果品交易会重点展示了林果深加工新品，吸引200余家采购商，进一步推动阿克苏核桃品牌国际化。

五、产业融合及经营情况

（一）产业融合情况

阿克苏地区核桃产业近年来通过产业链整合、跨行业协作和业态创新，实现了"一产接'二'连'三'"的深度融合，将种植、加工、市场、科技紧密结合，形成完整且协同的发展模式。不仅让核桃产业实现增值增收，更带动就业，促进乡村振兴。

在种植与加工融合方面，阿克苏地区积极推行"企业+合作社+农户"模式，深度联结种植与精深加工，形成"初级加工在乡村、精深加工在园区"的合理格局。乡村完成初步处理，保障产品初步加工的及时性与便利性；园区开展精深加工，提升产品附加值。在加工与市场拓展融合方面，核桃加工企业依靠技术创新与品牌建设提高附加值，如阿克苏浙疆果业有限公司开发核桃枣泥糕、核桃油等六大系列90款产品，在"疆果东行"战略推动下，借助电商渠道，产品远销国内长三角、中亚等地区。2024年，顺应新消费趋势，阿克苏浙疆果业有限公司积极利用直播带货等新业态，拓宽销售路径，与消费者建立更紧密联系，进一步扩大市场份额，提升品牌知名度。此外，阿克苏地区还构建了完善的产业支撑体系，建设9个以林果为主的农副产品加工园区，培育196家加工企业和818家合作社，形成强大的产业集群效应。

（二）经营情况

自治区党委、政府高度重视企业在市场开拓及经营中的主体作用，通过展会扶持、企业补贴等政策引导企业拓展市场。新疆果业集团作为龙头企业，在内地建立新疆农产品直销中心，并以"自建+并购"模式构建覆盖全国的销售网络，累计建成3348个销售网点（含1044家社区生鲜店、2304个商超专柜），布局广东、湖北、陕西等六大物流分仓，形成"线下实体+线上电商"双轨并行的立体营销体系。依托大数据分析和第三方物流，实现从传统渠道向社区直营、全国联营的转型，推动南疆农产品出疆量持续增长。在政府引导下，新疆聚焦核桃产业提质增效，围绕阿克苏等主产区，优化"疆内收购网"布局，覆盖温宿等核心县。同步构建"基地生产—加工交易—冷链物流—终端销售"全产业链平台，形成专业化、市场化产业服务体系。

六、科技创新与产业支撑

阿克苏地区作为新疆乃至全国重要的核桃产区，其产业发展依托科技创新与产业支撑体系的完善，正逐步向现代化、高效化方向迈进。通过推动创新链深度融合,构建产业升级引擎。如龙头企业阿克苏浙疆果业有限公司与江南大学等15所高校及科研院所合作,建立博士后科研工作站和联合实验室,攻克核桃采后保鲜、加工工艺升级等难题。其研发的"核桃仁高压射流去种皮及超声波清洗色选技术"达到国际领先水平,研发的梯度变温烘烤技术将产品货架期延长30%以上。2024年,该企业获批"新疆核桃产业工程技术研究中心",聚焦核桃蛋白质及油脂加工、休闲产品研发等方向,推动产业技术升级。民福康公司创新"核桃枝—菌棒—黑木耳"循环模式,建成自动化生产线3条,年产菌棒800万袋,带动62名农民转型产业工人。核桃种植废弃物综合利用率从2019年的45%提升至82%,年新增经济效益超3000万元。北京强佑企业厚生科技集团在温宿核桃全产业链科技园的加工项目于2023年8月正式签约,计划总投资20亿元,该项目包含"生物萃取制油、高蛋白及食品开发科技项目"及"新能源电池先进负极材料高科技项目"两大板块。其中,"生物萃取制油、高蛋白及食品开发科技项目"与中粮工科、中国农业科学院合作,采用"生物低温压榨分离法"和"超临界萃取"技术,生产核桃油、核桃乳、核桃蛋白、核桃多肽、核桃膳食纤维等高端产品,并研发"核桃膳食纤维全营养能量棒"等功能食品,提升核桃附加值;"新能源电池先进负极材料高科技项目"与深圳寒暑科技合作,利用核桃壳制备钠离子电池负极材料,技术领先,现与比亚迪、宁德时代等达成合作意向,推动核桃壳高值化利用,助力新能源产业发展。

七、典型县域核桃产业情况

(一)温宿县

1. 规模化种植与科技赋能:温宿县打造高产高效核桃产业带

温宿县作为阿克苏地区核桃产业的核心区域,凭借规模化种植与全产业链整合的创新发展模式,已成为新疆核桃产业高质量发展的标杆。该县核桃种植总面积达86万亩,形成集中连片的产业带,其中柯柯牙镇国家级核桃示范基地面积达1.4万亩。2024年全县核桃总产量达到21.7万吨,亩均产量达252千克,较全疆平均亩产(约210千克)高出20%,稳居阿克苏地区首位。规模化种植的背后是科技与管理的深度赋能，示范基地推广"矮密早丰"栽培技术，通过精准修剪、水肥一体化灌溉系统将果树高度控制在3米以内，既降低采收成本，又使挂果周期缩短至3~4年；配套无人机飞防、智能气象监测设备，病虫害发生率下降15%，优质果率提升至85%。

2. 全产业链整合：深加工与分级销售驱动价值倍增

在产业链延伸方面，温宿县构建了"种植—加工—销售"一体化体系。龙头企业启德油脂公司采用低温压榨工艺年加工核桃油100吨，每吨核桃仁增值超2万元，同时带动核桃壳加工成活性炭、青皮提取天然染料等副产物开发，实现资源全利用。柯柯牙镇依托12家深加工企业形成产业集群，覆盖核桃乳、休闲食品、保健品等20余类产品，当地80%的农民收入来自核桃产业，户均年增收超1.2万元。为提升市场竞争力，该县建立覆盖14个乡（镇）的标准化分选中心，引入X射线分选机和光谱检测设备，实现核桃按大小、颜色、含油量分级，商品率从70%提升至90%。优质产品吸引重庆三磊集团、北京首农集团等企业签订长期采购协议，年外销干核桃超300吨，其中特级核桃仁出口价达每千克45元，较普通产品溢价60%。

3. "公司＋基地＋农户"模式：政府引领产业增效与农民增收

政府主导的"公司+基地+农户"模式成为产业增效关键。温宿县整合1.2亿元专项资金，通过土地流转集中建设标准化种植基地，农户以土地入股享受分红，同时进入企业从事分拣、包装等工作，月均工资达3500元。此外，该县还建成南疆最大的核桃交易市场，年交易量超50万吨，配套冷链仓储能力10万吨，通过"疆内收购网+疆外销售网"双网联动，产品辐射长三角、珠三角及中亚市场。2024年，温宿县投资3.6亿元建设核桃精深加工产业园，新增就业岗位2000个，推动全产业链产值突破80亿元，进一步巩固其作为新疆核桃产业"第一县"的战略地位。

（二）新和县

1. 光热资源赋能：新和县打造优质核桃规模化种植基地

新和县位于新疆塔里木盆地北缘，依托得天独厚的光热资源与灌溉条件，近年来将核桃产业作为农业转型的核心抓手，通过规模化种植、全产业链延伸和品牌化运营，打造出具有区域特色的现代农业样板，走出了一条生态效益与经济效益协同发展的振兴之路。当地主栽的'温185''新丰'等品种，以果仁饱满、含油量高著称。截至2024年，全县核桃种植面积29.4万亩，年产优质核桃8.5万吨，占阿克苏地区核桃总产量的1/4。政府通过建设标准化示范园、推广矮化密植技术，亩产较2023年增长近80千克，优果率达85%。

2. 深加工与品牌化：产业链延伸提升产品附加值

在产业链延伸方面，新和县建成3个现代化加工园区，引进20余家深加工企业，开发出核桃油、核桃乳、休闲食品等八大类50余种产品。其中，新疆丽新农业科技有限公司作为县域最大核桃深加工企业，年收购核桃超1000吨，推出"丽新喜果"系列（如薄壳草本味、奶香味等）及"哇塞新疆"品牌产品，覆盖疆内外市场，年销售额突破500万元。企业还通过"稳定订单+就近务工"模式，带动30余名本地群众就业。天鑫生物科技公司采用低温压榨工艺生产的核桃油，每吨售价达12万元，较原料增值15倍。电商产业园通过"直播+供应链"模式，年网销额突破1.8亿元，产品远销长三角、珠三角城市群。县内注册的"都护臻品"区域公用品牌，通过绿色食品认证，带动产品溢价率提升30%。

3. 科技引领产业升级：产学研协同推动智慧农业发展

在产业升级方面，新和县构建"产学研用"协同体系：与新疆农业科学院合作建立专家工作站，培育抗寒抗旱新品种；推广无人机植保、智能水肥一体化系统，降低管理成本40%；建成全疆首个核桃大数据平台，实现从种植到销售的全流程追溯。合作社创新"托管经营"模式，为2.3万户农户提供统防统治、机械采收服务，每亩增收800元。

4. 农旅融合与民生改善：核桃产业助力乡村振兴

产业发展带来显著民生改善，新和县核桃产业从业者达7.6万人，占农村劳动力62%。全县建成12个核桃主题文旅融合项目，年接待游客15万人次，形成"春赏花、夏避暑、秋采摘"的农旅新模式。2023年，核桃产业综合产值达21亿元，占农业总产值的38%，带动农民人均纯收入增长至2.3万元。

（三）库车市

1. 资源禀赋奠定产业基础：库车市打造现代化核桃产业集群

库车市地处塔里木盆地北缘，作为古丝绸之路重镇和新疆特色林果主产区之一，近年来依托资源禀赋和区位优势，将核桃产业作为乡村振兴的主导产业，通过品种优化、科技赋能、全链延伸和品牌塑造，推动传统种植向现代产业集群转型，成为南疆特色林果业高质量发展的典范。截至2024年，全市核桃种植面积达29.58万亩，年产量突破8.9万吨，占阿克苏地区总产量的12.36%，总产值107194.296万元。建成标准化示范基地15个，创建国家级核桃绿色食品原料基地12万亩。通过推广高接换优、水肥一体化技术，实现亩均增产30%，优质果率提升至88%。

2. 精深加工与品牌建设：全产业链提升核桃产品价值

库车市建成南疆最大的核桃加工集聚区，吸引绿源果业、西域神木等28家龙头企业入驻，形成从脱青皮、烘干分选到精深加工的全链条体系。开发核桃油、核桃蛋白粉、琥珀核桃仁等六大类40余种产品，其中绿源果业的低温物理压榨核桃油生产线，年产能达5000吨，产品附加值提升12倍。电商产业园联合"西域果园""龟兹农产"等品牌，通过"直播带货+跨境电商"模式，年销售额突破3.2亿元，产品远销中亚及欧洲市场。2023年，库车核桃获国家地理标志认证，品牌价值评估达18.6亿元。

3. 科技创新驱动发展：智慧农业赋能产业提质增效

库车市构建"政产学研用"协同创新平台，与新疆维吾尔自治区林业科学院共建核桃产业技术研究院，培育出抗旱抗病的"库核1号"新品种。推广无人机飞防、智能分选设备应用，实现病虫害防治效率提升50%，分拣精准度达99%。建成智慧农业物联网系统，覆盖10万亩核心产区，实时监测土壤墒情、气象数据，带动管理成本下降35%。创新"企业+合作社+农户"托管模式，提供统一种植标准、统一采收服务，带动2.8万户农户亩均增收1200元。

4. 产业融合促进增收：核桃经济带动乡村振兴新格局

核桃产业带动库车市12万农村劳动力就业，占农业从业人口的45%。依托龟兹文化底蕴，打造"核桃小镇""千年核桃王生态园"等文旅项目，开发核桃木雕、核桃文创产品，年接待游客超20万人次，形成"林果经济+文化旅游"融合业态。2024年，全市核桃产业综合产值达30亿元，占农业总产值的41%，农民人均可支配收入中的35%来自核桃产业。

第二节　和田地区核桃产业发展

一、政策资金支持

近年来，和田地区在核桃产业链延伸、品牌建设、销售渠道拓展等方面聚焦发力，制定项目支持、税收等系列优惠政策，主要包括：

（一）项目资金支持类

1. 标准化生产基地建设项目

"新疆特色林果标准化生产示范基地项目"即属于标准化生产基地建设项目，中央预算内投资支持具有一定规模的林果生产基地，以及具有一定经营规模和经济实力、能够切实带动农民就业增收的龙头企业和专业合作社等。重点支持原产地、主产区优势特色林果产业，对符合支持条件的建设项目，中央预算内投资支持比例为40%，其余投资由项目单位筹措解决。

2. 精深加工能力提升项目

此类项目资金支持提升林果精深加工能力，从自治区林草专项资金中安排资金支持林果企业、合作社产加销一体化建设，按照每个项目50万~100万元的标准给予补助（补助资金不超过总投资的50%）。

3. 支持低产低效果园改造提升

此类项目从自治区林草专项资金中安排资金，支持300亩以上的林果基地示范园建设，对开展新品种推广、高标准示范园建设、低产低效果园改造的，每亩补助800元。对开展简约化栽培技术示范的，每亩补助1500元。对符合条件的林果经营主体，实施现代果园数字化示范建设项目每个补助300万~500万元。

（二）经营主体扶持类

1. 技术服务合作社补助

此类补助主要针对符合条件的林果技术服务合作社完善软硬件设施设备、组织开展技术服务培训等，每项补助不超过10万元（补助资金不超过总投资的50%）。扶持核桃加工企业建基地、促加工、拓市场、育品牌。

2. 农机购置补贴

自治区以及和田地区各级政府也积极通过先建后补、以奖代补、贷款贴息、政府购买服务等方式用足用好核桃产业发展支持资金，将核桃施肥、采收、初加工等设备纳入农机购置补贴范围，降低核桃种植和加工成本，助力和田地区特色产业健康发展，带动农户增收致富。

（三）风险保障与市场建设类

1. 政策性保险覆盖

实施政策性核桃保险，按"政府引导+市场运作"原则，中央、自治区、县市财政分别补贴42.21%、35%、2.79%，农户承担20%，保额1600元/亩。

2. 市场网络建设

支持果品批发市场核桃生产线升级，推进疆内收购、疆外销售"两张网"建设。

二、基地建设

和田地区以核桃基地建设为核心抓手，系统性推进核桃产业高质量发展。和田地区林草局充分发挥统筹协调作用，组织编制《和田地区2024年林果提质增效年实施方案》等政策文件，经地委会议审议通过后下发至各县（市、区），同步出台《和田地区林果业促农增收措施》《和田地区核桃栽培技术明白册》，从种植技术、加工设备、经营主体培育等维度，为核桃基地建设提供全方位政策支持与技术指导。

在空间布局上，和田地区选定"和墨洛"（和田市、墨玉县、洛浦县）作为核桃产业核心主产区，集中资源打造"和田薄皮核桃"标准化示范基地，通过标准化种植、精细化管理形成示范效应,以点带面辐射带动周边县市协同发展。基地建设聚焦三大核心任务:一是推进核桃园疏密改造,优化种植密度与林间生态;二是加快品种良种化进程,推广优质高产核桃品种;三是提升果品质量与单产水平,通过标准化生产流程与绿色食品技术标准,实现从种植到管理的全程质量控制。通过健全基地管理体系,推动核桃产量与品质双提升,为构建现代化核桃产业体系筑牢基础。

三、加工情况

和田地区聚焦核桃加工流通环节提质增效,依托优势生产基地,全力构建完善的核桃全产业链加工体系。在产地加工领域,持续巩固核桃产业集群建设成果,重点推进产后初加工设施升级,大力发展仓储保鲜、清洗脱青皮、智能分拣、节能烘干等初加工环节,提升核桃原料商品化处理能力,有效降低产后损耗。

在精深加工层面,和田加速扩建核桃全品类生产线,围绕核桃油、核桃仁、核桃乳、核桃粉、核桃酱等核心产品,持续优化生产工艺,着力开发高品质核桃食用油、营养代餐粉、休闲炒货等终端消费品。同时,深化功能性食品研发,推动核桃蛋白、核桃多肽等保健产品产业化。此外,积极拓展核桃副产物综合利用领域,将核桃青皮、分心木开发为养生茶饮,核桃壳转化为活性炭等化工原料,推动生物医药、绿色化工产业协同发展,全方位提升核桃加工附加值,构建起"初级加工保供给、精深加工提效益、综合利用促增值"的现代化核桃加工产业格局。

四、品牌建设

(一)健全标准体系,打造区域公共品牌

和田地区以品牌建设为核心抓手,构建"种植—加工—包装"全流程标准化体系,积极推动有机认证、绿色食品认证及地理标志保护工作。通过强化招商引资吸引核桃加工企业集聚,夯实产业基础;组建核桃产业协会,联合科研

院校推进技术创新与成果转化，延伸产业链条。其中，政府主导打造的"和田薄皮核桃"区域公共品牌，通过统一标识、宣传语及包装设计，成功实现从地方特产向全国品牌的跨越，产品远销俄罗斯、哈萨克斯坦、巴基斯坦等国际市场，显著提升产业经济效益。

（二）多元展会赋能，提升品牌影响力

依托"北京农博会""广交会""乌恰会"等大型展会平台，和田集中展示林果产品"绿色、健康、有机"的品牌形象，彻底扭转以往特色林果以初级产品入市的局面。通过展会营销推动产业链延伸，充分展现林果提质增效成果，全方位提升和田特色林果在国内外市场的知名度与美誉度。

（三）完善销售网络，拓展市场覆盖

和田地区全力推进林果产品"两张网"建设，支持电商企业设立核桃产品"前置仓"，加速线上线下融合。深入实施"百城千店"工程，借助援疆省市资源，推动林果产品进驻机场、景区、交通枢纽等消费场景，并在全国大中城市布局直销门店，构建起立体化市场销售网络。

（四）创新宣传模式，强化品牌传播

2024年，和田地区5家获自治区专项资金支持的"产加销一体化项目"企业联合北京专业广告传媒公司，围绕"和田是个好地方"主题，制作系列核桃产品宣传短片。通过在北京地铁天安门东站、西站核心站点高频次循环播放，实现日均180次曝光，有效提升和田特色林果产品的市场关注度与品牌影响力。

五、产业融合及经营情况

（一）产业融合

1.核桃种植与加工的融合

和田地区不断优化核桃种植品种结构，全地区核桃良种化率达90%，通过建立核桃示范园种植基地，提升果农栽培管理技术，推动标准化生产，为核桃加工提供了优质原料，带动种植户增收。加工企业也通过"企业+合作社+农户"模式，与种植大户、合作社建立订单合同，设立乡村生产车间，促进核桃种

植与初、精、深加工的融合发展。

2. 核桃加工与销售的融合

引入龙头企业如新疆和田果之初食品股份有限公司、新疆客来木农产品有限责任公司、新疆西域乌敦农产品有限责任公司等，发展核桃油、核桃粉、"玉核"核桃乳等符合市场需求的深加工产品，并为产品销售拓展渠道，形成生产、加工、销售一体化的经营模式。如和田县巴格其镇建设了集仓储交易、冷链物流、交易结算、生产加工于一体的核桃交易市场。通过一二三产业融合发展，把巴格其镇真正建成集核桃种植、旅游、吃、住、行、购、娱于一体的综合性平台，将拉动和田及周边产区核桃发展，助力贫困户脱贫、促进农民稳定增收。

3. 科技与产业的融合

和田地区注重科技在核桃产业发展中的支撑作用。与中国林业科学研究院、新疆维吾尔自治区林业科学院、塔里木大学园艺与林学学院等科研机构、高校合作，开展以核桃种质资源挖掘、优良品种选育、高枝嫁接为基本支撑的技术攻关，推广种植机械化、精准施肥、节水灌溉和病虫害绿色防控技术，解决制约核桃品质和产量增长的关键问题。研发功能性产品，延伸产业链条，提升核桃的附加值和经济效益。

（二）经营情况

1. 合作社与企业经营

和田地区核桃产业形成多元经营主体协同发展格局，2024年核桃加工企业（合作社）达216家，涵盖初加工101家、销售90家、精深加工12家、配套服务6家及综合型7家。全产业链年加工量6.9万吨，实现产值16.2亿元，带动6388人就业。以新疆和田果之初食品股份有限公司等龙头企业为引领，产品畅销北京、上海等国内城市及俄罗斯、中亚五国等国际市场。

为推动林果业高质量发展，和田地区深入落实地委部署，加快构建林果技术社会化服务体系。明确"先服务后收费"机制，以整园包年托管、全园抚育管理等模式签订服务协议。其中，核桃管理服务参考"三次修剪两次防治"

（不含药品），按220元/亩标准执行，具体费用由市场调节，种植户与合作社协商确定。

2. 品牌与市场经营

和田地区积极推动核桃品牌建设，提升市场竞争力。"和田薄皮核桃"地理标志品牌已认证有机核桃16万亩，被纳入全国名特优新农产品名单、入选中国重要农业文化遗产名单等。通过在央视及各省（区、市）主流媒体、新媒体开展公益宣传推介活动，举办并积极参加国内外相关产品展示展销会，提高了和田核桃的知名度和市场竞争力。依托"核桃树王"建设了主题公园、核桃博物馆等，并打造出以核桃和核桃木加工为特色的旅游纪念产品体系，吸引游客认识和了解核桃文化。

抓宣传、创品牌、开拓市场，实现工作常态化。加大以核桃等为主的和田特色林果品牌创建，加快以和田县巴格其核桃交易市场、策勒县核桃交易市场、墨玉县沙漠绿果园农产品农民专业合作社为主的果品交易市场建设，通过在对口援疆省市设立营销网络平台，利用农产品和林果博览会邀请内地干果、水果批发经销商来和等方式，提高和田果品市场占有率。

坚持市场开拓，促进林果产品流通。坚持"政府搭台、企业唱戏，市场开拓、多方参与"的工作思路，实施"走出去""走进去"战略，积极搭建林果产品营销平台，建立9个县级供销社、68个乡镇供销社、45个销售店、2家电子运营中心、138个农村电子商务服务网点、4个物流配送中心、27个保鲜库。与中国电信合作，开展智慧林果服务，推进现场和手机终端"双培训""双销售"，加快推进疆内收购和疆外销售"两张网"建设，促进林果产品流通。

六、科技创新与产业支撑

（一）科技创新情况

和田地区持续推进核桃产业的科技创新，涵盖种植技术、加工工艺、品牌包装、产业链延伸等多个领域，推动核桃产业走出一条产量高、品质优、效益好的"强果之路"。

1. 种植技术创新

和田地区根据林果现状，制定《和田地区2024年林果提质增效年行动计划》《和田地区核桃园疏密工作方案》等，明确任务，规范标准，为优质果品打下基础。截至目前，开展核桃疏密改造10.76万亩，完成任务7.73万亩的139%；开展核桃低产低效林改造1.88万亩，完成任务2.32万亩的81%；开展核桃品种改良64.54万株，完成任务20万株的322%。通过核桃科学疏密、品种改良、生物防治，优化核桃园内通风透光条件，大大提升了核桃的产量和品质，促进核桃种植的节本增效。

2. 加工技术创新

和田地区积极搭建科技创新平台，鼓励企业与高校、科研院所合作，共同开展技术攻关和产品研发，推动科技成果转化。例如，新疆志宇新能源有限公司已成功攻克环保活性炭在运输过程中易燃烧的技术难关，其产品畅销全国各地。目前公司已与伊犁湖南商会、湖南丰晖科技有限公司共同开展研发，同时还得到了东北林业大学、中南大学、湖南中医药大学的技术支持，将在农业、化工、医药等领域深入开发利用核桃壳，致力于建成以核桃壳为中心的循环产业园区，以实现环保与经济的双赢目标。

3. 产业链延伸创新

和田地区通过政策引导与市场机制结合，推动核桃产业链延伸创新。以"墨玉县、和田县核桃"为核心品牌，通过地理标志认证、龙头企业带动、电商渠道拓展及政策扶持，构建了覆盖种植、加工、销售的全产业链，推动"种植—加工—销售"全链条发展，形成以核桃为主导的特色产业体系。

（二）产业支撑情况

1. 政策与资金支持

2021—2023年累计投入70亿元支持建设国家级、自治区级和地区级现代农业产业园，其中核桃被列为国家级产业园主导产业，推动标准化种植、加工和品牌化发展。制定林果业强链补链延链政策，重点支持冷链物流、加工设备升级和技术研发。例如，建设现代化冷链物流设施保障核桃储运效率。通过税收减免政策等，降低企业运营成本，助力合作社和核桃加工企业扩大规模。

2. 科技支撑

一是推动核桃产业可持续发展，抓实核桃常规动作的落实。和田地区推广疏密改造、嫁接改优、水肥一体化等技术，显著提升了核桃的产量和品质；引入了智能水肥决策系统、植保无人机等设备，提升核桃园的栽培管理效率。

二是抓实林果科技支撑服务行动。（1）充实基层林果专业技术队伍。按照地委"3~5名专职从事林果业管理工作人员"的配备要求，全地区86个乡（镇）林业站已到位林果技术服务干部210人，到位率60%。（2）加大林果科技培训力度。邀请自治区专家服务团、阿克苏林果专家来和服务指导，开展林果专业技能培训851期，累积培训13.37万人次。

三是抓实病虫害防控行动。发挥全地104个乡镇测报（监测）点作用，发布虫害预测预报；完成林果清田清园和石硫合剂喷洒；人工清理病枝木桩，悬挂诱捕器、诱捕桶。

七、典型县域核桃产业情况

（一）墨玉县

1. 基本情况

墨玉县从2002年起大面积发展核桃产业，每年以2万至5万亩的速度增加种植规模。2024年核桃种植总面积40.66万亩，占和田地区核桃种植总面积的26.14%，2024年总产7.67万吨，亩均产188.64千克，总产值6.9亿元。涉及墨玉县16个乡（镇）365个村、种植农户11.5万户42.9万人，全县人均核桃地0.84亩。栽培核桃品种主要有'温185''新新2''扎343''新丰''墨宝'等，其中'温185'种植面积最大，达到6.51万亩，单价可达12~16元；'新新2'种植面积3.65万亩，单价7~11元；'扎343'种植面积7.98万亩，单价6~8元；'新丰'种植面积21.66万亩，单价5~7元；'墨宝'种植面积0.04万亩，单价14~16元；其他品种种植面积4.73万亩，单价5~6元。

2. 核桃产业发展举措

（1）示范园建设

墨玉县自2014年起，围绕林果业转型升级和农民增收目标，持续推进核桃示范园建设。截至2023年，全县累计建成示范园20.35万亩，共1090个示范点，其中2023年新增1.76万亩、79个示范点。

（2）技术服务支撑

组建县级林果业技术服务团队，重点针对疏密改造、水肥管理、整形修剪等关键技术环节，开展实地技术指导，确保标准化生产技术落实到户，为产业提质增效提供技术保障。

（3）产业化体系建设

仓储设施：2020年起建设8座现代化核桃储藏库，单库容量20万吨。初加工：培育91家初加工经营主体（企业26家、合作社33家、大户28家）。精深加工：4家重点企业分别生产核桃玛仁糖、核桃油、核桃零食及枣泥核桃糕等产品。

（4）品牌市场建设：实施品牌战略，重点培育特色名优产品；加大项目资金争取力度，提升加工技术和设备水平；借助援疆政策优势，拓展内地商超及专卖店渠道。

（5）人才队伍建设

健全人才引进培养机制，包括：定期开展专业技术培训，定向招聘大中专院校专业人才，建立科研创新奖励机制，通过完善用人、选拔和激励机制，提升企业经营管理水平。

（二）和田县

1. 产业基础概况

截至2024年，和田县核桃种植面积达25.80万亩，占和田地区核桃种植总面积的16.59%，主产区集中于巴格其镇、罕艾日克镇、布扎克乡、拉依喀乡、英阿瓦提乡等乡（镇）。全年核桃总产量3.64万吨，亩均单产141.1千克。主栽品种包括'新丰'（16.41万亩）、'温185'（1.35万亩）、'扎343'（6.4万亩）、'新新2'

（1.42万亩），另有土核桃种植面积4.42万亩。

2. 产业经营发展情况

（1）加工生产体系

全县共有89家正常运营的特色林果农民专业合作社及企业，带动就业3660人，形成以核桃加工为主的产业集群。其中，客来木、乌墩西域、萨热木等专业合作社年出口核桃干果、核桃仁产品达6.2万吨；2024年核桃精深加工产品产量可观，核桃油产量17吨，核桃乳产量10万箱，核桃玛仁糖等特色加工品逐步拓展市场。

（2）交通物流网络

依托毗邻昆岗机场、和田火车站的区位优势，和田县构建起完善的农产品冷链物流体系。全县配备305座冷链物流仓储设施，总容量1.625万吨，年核桃及制品外销量达14.5万吨，保障产品高效流通。

（3）市场交易规模

和田县建有南疆地区规模最大的核桃交易市场，单日最高交易量达5000吨，年核桃交易规模可达100万吨，成为区域性核桃流通枢纽。

（4）品牌建设成果

和田县持续推进品牌化战略，深化区域公用品牌与企业产品品牌培育。自2001年注册"和阗"牌薄皮核桃商标以来，先后获得多项权威认证：2011年获国家地理标志保护产品认定；2017年通过绿色食品A级产品审核；2021年被认定为全国绿色食品原料（和田薄皮核桃）标准化生产基地，通过参加林果交易会、博览会等活动，不断提升品牌市场影响力与产品市场占有率。

第三节　喀什地区核桃产业发展

一、政策资金支持

（一）政策支持情况

喀什地区核桃栽培历史悠久，规模化、标准化管理水平较高。2020年，新疆薄皮核桃产业被纳入农业农村部、财政部开展的优势特色产业集群建设项目；2024年叶城县"绿色食品原料（核桃）标准化生产基地"被农业农村部纳入全国绿色食品原料标准化生产基地（建设期）名录，这为喀什地区核桃产业的发展提供了强有力的国家政策保障。

喀什地区也将核桃产业作为促进农民增收的重要产业纳入发展规划，制定了《喀什地区特色林果业提质增效核桃产业发展三年实施方案（2023—2025年）》，明确了核桃产业发展的目标、任务和保障措施。推进核桃区域化布局，建设产业基地，创建县域特色品牌；持续完善"基地+企业+农户"组织管理体系，不断提升标准化生产水平；大力培育龙头企业，强化产销对接能力，推动核桃产业发展走出一条以标准化生产、规模化发展、品牌化带动、产业化推进为支撑的道路，助推核桃产业高质量发展。

（二）资金支持情况

2024年，自治区林草局在喀什地区叶城县建设了集生产标准化、作业机械化、产加销一体化、服务社会化、管理数字化为一体的核桃产业集群示范区。投入资金248万元，支持建设集名优特新品种、简约化栽培、低效园改造、水肥一体化、机械化生产、数字化管理等技术综合应用于一体的核桃示范园；在核桃等林果"两张网"、产加销体系建设、林果技术合作社方面给予1200万元资金支持。

另外，自治区以及喀什地区各级政府也积极通过先建后补、以奖代补、贷款贴息、政府购买服务等方式用足用好核桃产业发展支持资金，将核桃施肥、采收、初加工等设备纳入农机购置补贴范围，降低核桃种植和加工成本。税务部门也对核桃产业相关企业给予税收优惠政策支持，如免征增值税、"六税两费"减免等，帮助降低企业成本，激发企业生产活力，助力喀什地区特色产业健康发展，带动农户增收致富。

二、基地建设

喀什地区是新疆核桃的主要产区，截至2024年，喀什地区核桃实有面积202.47万亩，总产量达43.30万吨，面积、产量分别占全疆核桃总面积、总产量的约32%和30%，其中叶城、泽普、巴楚、莎车、麦盖提、疏附等县，核桃栽培面积均在10万亩以上。见表3-1。

表3-1　2024年喀什地区核桃实有面积及产量

	叶城县	泽普县	莎车县	巴楚县	麦盖提县	疏附县	疏勒县	其他	合计
实有面积（万亩）	64.21	38.55	36.31	21.58	15.26	13.53	7.85	5.18	202.47
结果面积（万亩）	62.27	37.33	34.96	17.90	14.86	12.62	3.92	4.41	188.27
总产量（万吨）	14.73	8.79	10.00	3.24	2.48	2.60	0.58	0.88	43.30
单产（千克/亩）	236.61	235.59	285.94	180.93	166.66	206.00	148.66	131.14	230.01

为促进核桃产业发展，喀什地区积极推进核桃基地建设，按照绿色食品技术标准、全程质量控制等要求实施生产与管理，建立健全并有效运行基地管理体系。通过标准化生产和技术应用，核桃的产量和品质得到明显提升。2024年，自治区林草局在叶城县建设了集生产标准化、作业机械化、产加销一体化、服务社会化、管理数字化于一体的核桃产业集群示范区，核桃亩均产量由180千克提升至210千克，优质果率由68%提升至80%，核桃白仁率由20%提升至60%。

三、加工情况

截至2024年，喀什地区有核桃加工企业67家，其中初加工企业49家、精深加工企业13家、配套企业5家。年加工量达3.03万吨，实现加工产值7.11亿元。加工产品种类主要包括核桃的清洗、烘干、分级等初加工，也涵盖了核桃油、核桃蛋白粉、核桃乳、核桃粉、核桃酒、核桃分心木养神茶、核桃壳活性炭等多种产品的精深加工。例如，喀什光华现代农业有限公司生产核桃油、核桃蛋白粉、核桃酱等产品，年产值达到1.5亿元，带动上下游合作企业20余家，解决季节性和临时性就业5000余人次。新疆美嘉食品饮料有限公司研发生产核桃乳、核桃油等20多种产品，年收购核桃4万吨以上，带动1.5万余名种植户增收。

在核桃加工工艺方面，政府和企业也积极开展技术研究并取得突破，自治区启动了"新疆核桃油与核桃粕精深加工关键技术研究"等科技专项，围绕核桃精深加工关键技术瓶颈，进行核桃油加工关键技术攻关，研发含核桃抗氧化等生物活性肽的新产品，攻关核桃抗氧化肽加工技术，通过项目实施来推动核桃产业做大做强，打造特色林果产业发展"新"引擎。

四、品牌建设

为提升核桃产业的影响力和知名度，喀什地区积极推进品牌建设。建立"种植—加工—包装"全流程标准，推动有机认证、绿色食品认证、地理标志保护。通过加强招商引资，推动核桃加工企业落户喀什，提升核桃加工能力，为品牌建设提供产业支撑。组建核桃产业协会，依托科研院校进行新品种、新技术的研究和推广，促进核桃加工业发展，延伸产业链条，扶持龙头企业，打造知名品牌，如"昆仑山核桃""丝路香妃"等品牌。通过在央视及省（区、市）主流媒体、新型媒体开展核桃产品公益宣传推介活动，举办并积极参加国内外相关产品展示展销会，提高新疆核桃的知名度和市场竞争力。目前，"喀什叶城核桃"已认证有机核桃超过10万亩，申报了农产品地理标志证明商标，被纳入第三批全国名特优新农产品名单、入选第七批中国重要农业文化遗产名单等。政府主导打造的"喀什核桃"区域公共品牌，统一标识、宣传语和包装设计，提升了产品的市场竞争力和附加值，初步实现了从"地方特产"到"全国品牌"的跨越，核桃产品远销俄罗斯、哈萨克斯坦、巴基斯坦等国家，提升了核桃产业的经济效益，推动了地区经济发展和社会稳定。

五、产业融合及经营情况

（一）产业融合情况

近年来，喀什地区通过产业链延伸、科技赋能等策略，推动核桃产业多领域的深度融合，逐步构建了"种植—加工—销售"一体化的产业体系。

1. 种植与加工的融合

喀什地区不断优化品种结构，全地区核桃良种化率达到了90%，通过建立种植基地，提升栽培管理技术，推动标准化生产，为核桃加工提供了优质原料，带动种植户增收。加工企业也通过"企业+合作社+农户"模式，与种植户、合作社建立订单合同，设立乡村生产车间，促进核桃种植与初、深加工的融合发展。

2. 加工与销售的融合

引入龙头企业如新疆小蜂农业、喀什疆果果等，发展核桃油、核桃粉、干果制品等符合市场需求的深加工产品，并为产品销售拓展渠道，形成生产、加工、销售一体化的经营模式。如叶城县建设了集仓储交易、冷链物流、交易结算、生产加工于一体的核桃交易市场，引入了国际领先的核桃脱青皮、智能烘干、X射线检测及光电色选等高端加工设备，显著提高了核桃的加工效率与品质。

3. 科技与产业的融合

喀什地区注重科技在核桃产业发展中的支撑作用。组建了核桃产业协会，与高校、科研机构合作，开展以核桃品种选育、绿色生产、智能装备为基本支撑的技术攻关，推广种植机械化、精准施肥、节水灌溉和病虫害绿色防控技术，解决制约核桃品质和产量增长的关键问题。研发功能性产品，延伸产业链条，提升核桃的附加值和经济效益。推动有机认证、绿色食品认证及地理标志保护（如"喀什核桃"商标），建立全流程质量追溯系统，增强产品的可信度。

（二）经营情况

1. 合作社与企业经营

喀什地区核桃产业经营主体多样，包括农民专业合作社和生产、加工企业等。2024年，核桃加工企业发展到了67家，其中初加工企业49家、精深加工企业13家、配套企业5家，年加工量3.03万吨，实现产值7.11亿元，从业人数达到2851人，以光华、美嘉等企业为龙头带动本地区核桃产业发展。

2. 品牌与市场经营

喀什地区积极推动核桃品牌建设，提升市场竞争力。"叶城核桃"地理标志品牌已认证有机核桃10万亩，被纳入全国名特优新农产品名单、入选中国重要农业文化遗产名单等。通过在央视及省（区、市）主流媒体、新型媒体开展公益宣传推介活动，举办并积极参加国内外相关产品展示展销会，提高了喀什核桃的知名度和市场竞争力。

六、科技创新与产业支撑

（一）科技创新情况

喀什地区持续推进核桃领域的科技创新，涵盖种植技术、加工工艺、产业链延伸等多个领域，推动核桃产业走出一条产量高、品质优、效益好的高质量发展之路。

1. 核桃种植技术创新

在种植技术方面，通过科技赋能、标准化管理和产业链协同，显著提升了核桃产业的产量与品质。2024年上半年，喀什地区完成密植园疏密9.44万亩，嫁接改优451.96万株，补植补造731.06万株，通过科学疏密、品种改良，优化了核桃园的光照和通风条件，提升了核桃的产量和品质。逐步推广滴灌和水肥一体化技术，精准控制核桃水肥供给，提高水肥利用效率。通过推广无人机飞防、生物防治等病虫害防控手段，促进核桃种植的节本增效。

2. 核桃加工技术创新

喀什地区积极搭建科技创新平台，鼓励企业与高校、科研机构合作，共同开展技术攻关和产品研发，推动科技成果转化。喀什光华现代农业有限公司自主设计研发了国内第一条规模化研磨法低温核桃油、粉、酱联产生产线，实现了核桃产品的自动化、连续化和高效化生产。疆果果农业科技有限公司研发出"一种坚果果实色选机用筛分装置"专利，通过多通道筛分、喷气系统及智能传送带设计，显著提升了核桃等坚果的筛分效率和品质，减少了人工误差，推动加工环节向自动化、智能化转型。

3. 核桃产业链延伸创新

喀什地区通过政策引导与市场机制结合，推动核桃产业链延伸创新。以"叶城核桃"为核心品牌，通过地理标志认证、龙头企业带动、电商渠道拓展及政策扶持，构建了覆盖种植、加工、销售的全产业链推动"种植—加工—销售"全链条发展，形成以核桃为主导的特色产业体系。

（二）产业支撑情况

1. 政策与资金支持

明确提出要推动核桃等干果控面提质，延链补链增效益。以推广新品种和现代栽培技术为重点建设林果产业示范园。推动开展疏密改造、低产低效果园改造。

2024年，相继出台《2024年自治区粮棉果畜农业特色产业高质量发展的财政金融支持政策》《新疆维吾尔自治区关于加快内外贸一体化发展的若干措施的通知》和《中国（新疆）自由贸易试验区建设实施方案》等指导文件，从资金、项目、标准、政策、营商环境、制度创新等各方面加强林果产业顶层设计，高位推动林果产业高质量发展。

2. 科技支撑

为推动产业可持续发展，喀什地区推广了疏密改造、嫁接改优、水肥一体化等技术，2024年完成密植园疏密9.44万亩，嫁接改优451.96万株，显著提升了核桃的产量和品质；引入了智能水肥决策系统、植保无人机等设备，提升核桃园的栽培管理效率，鼓励企业联合高校和科研机构开展技术攻关。

七、典型县域核桃产业情况

（一）叶城县

1.产业规模

叶城县凭借突出的区位优势，成为新疆核桃产业核心布局区，素有"中国核桃之乡"美誉，是喀什地区核桃种植规模最大的县域。截至2024年，全县核桃种植面积达64.2万亩，年产量14.7万吨，主栽品种涵盖'新丰''温185''新新2''扎343'等，良种覆盖率超95%，为产业发展筑牢资源根基。

2.全产业链发展路径

叶城县将核桃产业作为乡村振兴的核心引擎，成立核桃产业化发展中心，深化与科研院所合作，围绕生产、加工、流通、品牌四大环节精准施策：

（1）生产环节

大力推进品种改良与示范基地建设，建成168个总面积3.8万亩的核桃丰产示范园，以及52个总面积1.3万亩的科技示范园，通过标准化种植与技术推广，实现产量与品质双提升。2024年，核桃产业提质增效工程建设共投入4392万元，其中，肥料补助共计2054万元，修剪补助246万元，清园剂补助548万元；2024年完成5.122万亩核桃密植园的疏密改造，累计完成21.2万亩。

（2）加工环节

依靠64万亩的核桃种植基地以及恰尔巴格镇现代农业产业园核心区——林果加工基地，加大招商引资力度，支持和培育一批以国资国企为主、产品附加值高、市场竞争力强、品牌影响力大、带动农户增收能力强的加工龙头企业，鼓励和支持技术创新投入，引进新工艺、新技术、新设备，研发新产品，提高产品附加值和综合效益。2024年，叶城县在核桃精深加工领域共投资4200万元，新建核桃精深加工厂1座，建设厂房10000平方米及附属设施；新建核桃精深加工生产线6条，共引进新疆百里疆田商贸有限公司、叶城县仁发农业科技有限公司、新疆双兴农业发展有限公司、新疆核之源农产品有限公司、新疆禾硕食品有限公司、新疆汇锦鑫果仁农产品有限公司等8家核桃加工企业，提升了叶城核桃产地初加工、精深加工能力，增加了农民收入。

规划建设500亩林果精深加工产业园，吸引国家级龙头企业、加工企业及农民合作社入驻，形成核桃油、蛋白粉、核桃乳等多元化产品矩阵，年产值突破20亿元，延伸产业链条，提升产品附加值。

（3）流通环节

打造集仓储、冷链、结算、期货加工于一体的现代化核桃交易市场，年交易量达10万吨；同步拓展线上线下销售网络，设立疆外直销网点、电商平台及乡村服务站点。例如，利用抖音账号"新疆喀什管书记助农"、"叶城核桃"进京记等，展示叶城核桃优势，带动销售量，推动产品远销国内各地及俄罗斯、哈萨克斯坦、巴基斯坦等国际市场。

（4）品牌建设

"叶城核桃"认证有机种植面积达10万亩，绿色A级核桃占比超40%，并荣获"全国名特优农产品""中国重要农业文化遗产"等多项国家级荣誉，品牌影响力与市场竞争力显著增强。2024年3月叶城核桃获得中国生态原产地产品保护证书，10月完成叶城核桃展览馆策划设计方案，11月成功纳入全国绿色食品原料标准化生产基地建设期名录，12月开工建设。这一系列成就，预示着叶城核桃产业将迈入标准化、绿色化、品牌化的全新发展阶段，为当地核桃产业高质量发展注入强劲动力。

3.产业带动与经济成效

2024年，叶城县收集国家、自治区行业、地方核桃产业相关标准69项，共计85条标准，按照产前、产中、产后汇编成《叶城核桃全产业链标准化建设体系》在全县范围内推广应用。通过构建"种植—加工—流通—品牌"全产业链发展模式，叶城县实现了产业振兴与经济发展的良性互动，不仅激活县域经济活力，更通过产业带动、就业增收等方式，让种植户共享发展成果，为乡村振兴注入强劲动力。

（二）莎车县

1. 产业规模

截至2024年，莎车县核桃栽培面积36.31万亩，结果面积34.96万亩，总产量达10万吨，主要栽培品种为'扎343''新丰''温185'和'新新2'，占核桃栽培总面积的88.5%。

2. 产业发展战略与政策支撑

莎车县委、县政府高度重视核桃等林果产业发展，成立了以县委主要领导为组长的林果专班，调优精干力量，充实县、乡、村三级，确保一线指挥员懂林果业，措施能落实到户、到合作社、到企业。同时健全产业发展政策体系，落实招商引资优惠政策，加强对龙头企业的扶持措施。

3. 加工产业发展

截至2024年，莎车县核桃加工企业已发展到12家，其中地区级企业2家，自治区级企业1家。其中：以核桃去皮、分选、清洗、晾干、包装、取仁，加工枣夹核桃等初加工企业7家；以核桃油、核桃乳、炒货、核桃玛仁糖、核桃饮料等精深加工为主的企业5家。

4. 产品销售

莎车县积极组织核桃生产企业、合作社参加疆内外各种博览会、交易会、推介会，利用电商平台、直播带货、线上线下融合等"互联网+"新型销售形式，拓宽产品内外订销路径，拓宽外销渠道。目前，全县专门从事核桃产品商贸物流的企业有2家，国内销售区域为全国各地，国外销售市场为吉尔吉斯斯坦、哈萨克斯坦、塔吉克斯坦、俄罗斯等周边国家。

（三）泽普县

1. 产业规模与经营主体

截至2024年，泽普县核桃栽培面积达38.6万亩，年产量8.8万吨，主栽品种为'扎343'和'温185'。全县已培育77家核桃等林果加工销售经营主体，其中加工企业28家、合作社49家，年核桃加工量超5万吨，实现产业规模与经济效益的双提升，有力推动核桃种植产业持续发展。

2. 产业发展战略与政策支撑

泽普县将核桃产业定位为乡村振兴的特色支柱产业，以规模化种植、科技赋能、全产业链整合为核心发展战略。通过政策引导优化产业布局，推动生产、初加工与精深加工协同发展；强化技术升级，引入现代化管理模式；拓展市场渠道，构建多元化销售网络，全面促进核桃产业链优化升级，带动农民增收致富，为农村经济发展注入强劲动力。

3. 品质保障与人才培育

为确保核桃品质，泽普县构建全方位技术服务体系。在核桃生长关键期，通过专家授课、技能培训、现场观摩、科技下乡等多种形式，为果农提供全程技术指导，推广科学化、标准化管理技术。在此过程中，成功培育出一批本土"土专家""田秀才"，有效提升农户种植水平，夯实产业发展的人才基础。

4. 加工集群建设与市场拓展

泽普县以赛力乡核桃产业园为核心，立足全县34万亩核桃，打造全产业链加工集群，业务覆盖初级包装、核桃油与核桃粉精深加工及销售等环节。园区吸引新疆月亮姐姐农业供应链有限公司、新疆泽赛科技服务有限公司等多家企业入驻，形成产业集聚效应。目前，研发生产核桃系列产品七类29种，可进行量产的产品10种，接受提前预订或网络直播带货的产品11种，代加工销售产品三类8种。生产的核桃系列产品不仅畅销上海、成都、杭州等国内城市，更远销俄罗斯、哈萨克斯坦、土耳其等国际市场，品牌影响力与市场辐射力持续增强。

5. 科研创新与长远规划

泽普县成立农副产品精深加工研发专班，系统梳理核桃全产业链图谱，明确研发方向；组建农副产品精深加工协会，联合27家会员企业与合作社，携手高校共建特色农产品加工专家工作站，构建产学研一体化创新平台。同时，编制农产品精深加工五年规划，加大技术研发投入，推动加工技术集成、装备更新与成果转化，着力开发高附加值产品，引领核桃产业向高端化、智能化转型升级。

第四节 几点启示

通过对南疆地区核桃产业发展的系统分析,特别是阿克苏、和田、喀什等重点产区的发展实践可以看出,南疆地区依托得天独厚的自然资源禀赋、完善的产业政策支持和科技创新驱动,已形成集品种选育、规模种植、精深加工、品牌营销于一体的完整产业链条,正在推动核桃产业从传统种植向现代化产业体系转型。这一发展历程为特色林果产业高质量发展提供了重要参考。具体可得出以下几点启示:

一、规模化与科技化协同发展

温宿县86万亩规模化种植基地的实践表明,通过土地流转实现规模经营,配套推广矮密早丰栽培、无人机飞防、智能分选等现代农业技术,可实现亩产提升37%、生产成本降低60%的显著效益。这一经验证明,农业现代化必须以规模化经营为前提,以科技创新为驱动力,方能有效破解传统"小散弱"的发展困境。

二、全产业链增值模式

产业实践显示,通过延伸产业链条,从初级种植向深加工(核桃油、休闲食品等)拓展,并充分利用副产物(青皮制染料、果壳制活性炭),可使农产品附加值提升5倍以上。这种发展模式有效推动了产业从"卖原料"向"卖产品""卖品牌"转型升级,为农业增效提供了重要路径。

三、市场导向与品牌建设

依托地理标志产品优势,构建"线上电商+线下专营店"的立体营销网络,并成功开拓中亚、欧洲等国际市场。这一经验表明,现代农业发展必须坚持以市场需求为导向，以品牌建设为突破口，才能实现产销精准对接，提升产业竞争力。

四、利益联结机制创新

"公司+基地+农户"的合作模式，通过土地入股、就业安置、利润分红等方式，实现了农民多元增收（如柯柯牙镇农户年均收入增长3倍）。这一机制创新证明，建立紧密的利益联结机制是激发产业内生动力的关键所在。

五、政策科技双轮驱动

政府通过专项资金支持、技术培训、五级服务体系（专家到村）等措施降低产业风险；科研机构重点攻关机械化采收、抗寒品种选育等技术难题。这种"政产学研用"协同发展模式，为产业可持续发展提供了坚实保障。

总结而言，新疆核桃产业的发展实践表明，推进农业现代化需要以产业链思维整合资源，以科技创新突破发展瓶颈，以利益共享凝聚各方合力，最终实现生态效益、经济效益和民生改善的协同发展。阿克苏、和田、喀什等重点产区的成功经验，为特色林果业高质量发展提供了有益借鉴。

第四章

南疆核桃产业发展
典型企业

南疆地区依托得天独厚的核桃资源禀赋、优越的区位条件和有力的政策支持，为各类经营主体提供了广阔的发展空间。在产业升级过程中，众多企业充分发挥资源整合优势和市场引领作用，通过建设标准化种植基地、开发精深加工产品、打造区域特色品牌等举措，有效提升了核桃产业价值链和核心竞争力。本章选取南疆地区若干具有代表性的企业案例，重点介绍其在经营管理创新、品牌建设实践、联农带农机制等方面的特色做法和成功经验。这些企业立足产业实际，坚持创新驱动发展，在种植标准化、加工精深化、营销品牌化等关键环节形成了可复制、可推广的发展模式。作为产业发展的中坚力量，这些企业不仅推动了核桃产业提质增效，更为促进区域经济发展和助力乡村振兴作出了积极贡献，其经验做法对南疆特色林果产业高质量发展具有重要的示范意义。

第一节　新疆果业集团有限公司

一、基本情况

新疆果业集团有限公司（以下简称"新疆果业"）成立于1984年6月，2003年8月进行混合所有制改革，2024年7月由新疆商贸物流（集团）有限公司控股。经过40年的发展，公司形成了以特色林果产业为核心，农牧业、文旅等领域共同发展的业务格局。

新疆果业旗下拥有"西域果园""果叔""天山""阿凡提"等品牌。立足新疆特色林果优势，在和田、伽师、叶城、莎车、阿克苏、温宿、新和、若羌、吐鲁番已建成投入运营"疆内网"项目20个，其中仓储加工集配中心11个，批发市场项目9个，已建成投入运营总经营服务设施面积302万平方米。其中，林果产品仓储保鲜设施达25万平方米，库容175万立方米，保鲜规模达到26万吨，获批红枣交割库。其规模达到7.6万吨。目前，拥有红枣生产线32条，核桃生产线13条，葡萄干生产线3条，年产量可达42万吨。"疆外网"近600家门店，涵盖西北、西南、华中、华北、华东、华南等地区，并购"叁拾加""果婆婆""臻味坊""仟果季"等多个干鲜果连锁零售品牌，统一"果叔"品牌形象，向"鲜果+零食+互联网生态"的新零售模式转型；积极开展托市收购工作，累计购销、交易农产品总量近千万吨，直接、间接带动100万农村人口增收，带动城乡就业近1.2万人。农业产业化经营水平显著提升，仓储加工能力明显增强，托市收购保障果农利益，叫响新疆林果金字招牌，促进了农产品提质增效、农民持续增收，为稳定林果产品市场价格，促进林果业提质增效，助力脱贫攻坚发挥了龙头带动作用。

新疆果业先后被授予"全国脱贫攻坚先进集体""农业产业化国家重点龙头企业""国家林业龙头企业""电子商务应用示范企业""国家农产品加工百强企业"和"自治区扶贫龙头企业"等称号，荣获"新疆品质"区域公共品牌认证证书。

新疆果业疆内收购网布局图

二、管理和销售模式及其成效

新疆果业紧紧围绕新疆特色林果产业化发展，按照培育龙头、打造品牌、发挥优势、带动发展的工作要求，全力抓好农产品"两张网"建设，积极履行社会责任，不断深化企业改革与管理创新，坚决贯彻落实自治区党委决策部署，为加快推进农业现代化建设，促进农民增收，维护全区社会稳定和长治久安作出了贡献。

（一）夯实产业基础，林果产业竞争力明显增强

在南疆地区通过完善产业链关键环节，有效破解了特色林果产业发展瓶颈。近年来，当地创新构建"线上交易+线下集配"的协同模式，2018年至今累计实现林果产品交易量超500万吨，占南疆大宗林果交易总量的90%以上。其中，和田巴格其镇核桃批发市场年交易量突破30万吨，已成为全国最大的核桃专业交易市场，掌握着核桃产品的定价话语权；阿克苏农产品交易中心年吞吐量达110万吨，发展成为南疆地区规模最大的林果产品集散中心。

在加工环节，南疆地区累计引进880条现代化生产线，使核桃、红枣等产品的初加工能力从不足10万吨的年加工量，跃升至100万吨的规模。这一突破不仅提升了产品附加值，更带动了出口贸易的发展，2019年以来累计向欧洲出口核桃及核桃仁5万余吨，实现了我国核桃大批量出口的历史性突破。

冷链物流体系建设同样取得显著成效。通过投资建设25万平方米的仓储设施，形成175万立方米的库容规模，使鲜果保鲜能力达到26万吨。这一体系的完善使伽师新梅、伽师瓜等特色产品的保鲜期从15天延长至100天，交易量提升30%，有效缓解了集中上市带来的价格波动问题。阿克苏市场引进的智能化分选线年处理能力达2万吨，已成为多家知名企业的直采基地。同时，"疆内网"7.6万吨期货交割库的设立，为红枣期货交易提供了重要支撑，开辟了新的销售渠道。

和田核桃批发交易市场

（二）改革营销体系，销售渠道更加通畅

"两张网项目"坚持线上线下双轮驱动，并购、新建社区生鲜店，发展国内经销商、代理商226家；积极参加国家、自治区举办的各类农产品展会；与"京东""阿里""快手"等国内知名的第三方平台建立长期合作关系，开展新疆特色农产品电子商务网络营销活动，推介、销售60余个品种的特色林果产

和田核桃电子商务交易中心内景图

品，250多种名优特新农产品。充分发挥援疆机制作用，在安徽省销售和田果品2.7万多吨。借助"国际大巴扎"的旅游名片效应，打造了全疆首个以新疆特色农林产品为主题的旅游观光体验店"南疆北疆·水果巴扎"。形成"龙头企业+平台+农民经纪人""供应链+渠道+农户""两张网+旅游""电商活动+农户+消费者"等深度融合模式，建立了从田间地头到消费者的直接销售渠道，让正宗的新疆林果产品走进千家万户。

（三）带就业助脱贫，龙头企业社会责任进一步体现

截至目前，"疆内网"各基地公司累计安置南疆农民工5万人次，平均年支付农民工工资及福利1亿元；累计开展电子商务实用技能培训200余场，开展农业技术、技工、普通话等职业培训5000人次以上，少数民族培训占比80%以上；在农产品加工基地公司配套建立"托儿所"，助力南疆贫困地区妇女就地就近就业。通过龙头企业带动，贫困地区少数民族群众主动脱贫的意识和致富能力不断增强，龙头企业的社会责任担当日益凸显。

三、科技合作与创新

公司近年来通过与国内多家知名高校、科研院所开展深度合作，在科技创新方面取得显著成效。作为新疆林果产业的重要创新主体，公司先后承担了4项国家级科技计划项目、2项自治区重点研发专项和6项科技成果转化项目，在果品加工、仓储保鲜等领域获得5项发明专利、5项软件著作权和38项实用新型专利，并荣获4项科技进步奖和1项科技合作奖。

在技术创新方面，公司研发的核桃脱皮、红枣控温、葡萄干分选等自动化加工技术，使三大主产品的初加工能力均突破50万吨规模，显著提升了加工效率和产品质量。同时，公司开发的果蔬粉、番茄红素等精深加工产品，以及基于自主知识产权的电子商务B2B交易平台，为新疆林果产品开拓了更广阔的市场空间。

面对当前精深加工能力不足、质量控制技术有待提升等发展瓶颈，公司正积极谋划转型升级。作为绿色有机果蔬产业集群的链主企业，公司未来将重点

完善冷链物流体系,推进品牌化建设,制定行业标准,并加强功能性农产品研发,通过全产业链协同发展持续提升新疆林果产业的核心竞争力,为促进农业增效和农民增收作出更大贡献。

四、产品特色与品牌建设

新疆果业立足新疆"瓜果之乡"的资源优势,构建了以葡萄干、红枣、核桃等特色干鲜果品为核心的多元化产品体系。依托国际领先的深加工技术(如脱硫工艺、万吨级保鲜库)和GAP、HACCP等标准化认证体系,其产品兼具天然品质与高附加值,其中"天山牌"葡萄干获评中国名牌农产品。集团通过科技赋能全产业链,开发低硫杏肉、枣酱等创新产品,年处理原料超20万吨,形成覆盖种植、加工、冷链物流环节的现代化产业模式。

在品牌建设上,培育了一系列具有较高知名度和影响力的品牌,如基于新疆优质特色林果产品建立的"西域果园"品牌;面向个性化、年轻化,新零售定位的"果叔"渠道品牌;以及与新疆农文旅深度融合的拟人物IP"阿凡提"文创品牌等,均在市场上具有较高的认可度和美誉度,具有一定的市场影响力。通过"两张网"战略实现产销融合,同时,通过托市收购保障农户收益、发布红枣现货价格指数掌握行业话语权,并借助直播电商、主题体验店等新业态强化品牌传播。其"产品+科技+品牌"模式成为乡村振兴与农业现代化标杆。

第二节　阿克苏裕农果业有限公司

一、基本情况

阿克苏裕农果业有限公司(以下简称"裕农果业")是一家现代化核桃、红枣加工企业,成立于2019年8月,注册资金为12085.7万元,坐落于温宿县恰格拉克乡恰格拉克村8组,距离乡政府驻地4千米。公司系新疆果业(供销润达)投资建设新疆农产品"两张网"重点项目承担单位,由新疆阿克苏果业有限责任公司和新疆供销润达投资有限责任公司共同持股。裕农果业总投资2.6亿元，占地面积300亩，建筑面积7.3万平方米，其中常温仓储棚27000平方米，核桃清洗、烘干、分选大棚24396平方米，加工车间5083平方米，综合办公楼3531平方米，冷库4979平方米。裕农果业最高可保障季节性就业500余人次，年均解决就业2000余人次，年加工核桃5万余吨，产品销往全国各地，使周边农民种植的核桃产得出、有销路、有收入，辐射带动当地6000多户农民增收致富。2024年，裕农果业产成品总价值达1.66亿元，销售收入超过2.07亿元，累计纳税122万余元。

2020年，裕农果业被认定为阿克苏地区农业产业化重点龙头企业、自治区扶贫龙头企业；2021年，裕农果业通过评审成为安全生产标准化三级企业、自治区农业产业化重点龙头企业，已取得出口食品生产企业备案证明、食品生产许可资质。

二、主营业务与模式

裕农果业主要从事核桃、红枣收购、加工、销售等业务，采取"裕农果业+合作社+基地+加工厂+农户"的经营模式，为新型农业经营主体、小微企业、农

核桃青皮统一收购与初加工

民经纪人、商户等提供核桃加工、交易、仓储、物流配送、金融等一体化创业服务。裕农果业通过统一采收，规模化、标准化加工等提质增效方式，提高果品商品率，从而提升种植户与市场信心，统筹销售，促进产业良性发展。全厂常温仓储交易规模达15000吨，冷库仓储规模达2000余吨。

三、生产线及产品特色

裕农果业有6条现代化核桃加工生产线，日处理青皮核桃最高可达3000吨，出品干核桃600吨，每条生产线将去青皮—清洗—烘干—分选打包等关键生产环节有机串联，形成完整的机械化流水线，大大节省了每个环节的衔接成本，基本做到成品溯源，同时生产效率提高3倍以上。裕农果业采用高效节能的热泵技术，使核桃干燥时间缩短到45小时，有效提高了果品的品质和色泽，减少了核桃霉烂损失，烘干后核桃含水率控制在8%以内，核桃尖普白仁比例在95%以上，较传统晾晒提升40%。干核桃经过X射线机及色选机等智能设备精准挑选，空、瘪、油果较传统人工挑选降低3%~5%。由于裕农果业的规模化、标准化生产，品质更稳定，数量有保障，老客户已习惯从公司订购每年第一批面市的核桃以抢占市场先机。每年新品上市季节，裕农果业都会紧张有序地加工发货，最高一天可发货25车（约30吨/车），以排号装货方式有序进行。

四、带动就业，助力当地经济发展

裕农果业自2020年3月建厂以来，始终将带动就业和促进当地经济发展作为核心使命。在新冠肺炎疫情最为严峻的2020年8月，刚投产的生产线就创造了1000余个就业岗位，不仅消化了1.45万吨滞销核桃，还主动托底收购2.3万吨灰枣，为当地农户解了燃眉之急。随着2021年现代化红枣车间的落成，裕农果业就业带动能力提升至1700余人次，年加工量突破2.7万吨。为改善务工人员生活条件，裕农果业专门建设了48间标准化宿舍和清真食堂，让工人们真正感受到"家"的温暖。

2022年全面投产后，裕农果业已发展成为占地近300亩、年加工能力超10

万吨的现代化农业企业。在当年核桃滞销、价格低迷的特殊时期，裕农果业主动以高于市场价6%的价格敞开收购，不仅保障了恰格拉克乡农户收益，更带动了整个县域核桃价格的回升。如今，裕农果业正通过持续优化生产工艺、完善管理模式，在确保质量安全的同时不断提升产能效率，逐步构建起集生产、加工、销售于一体的全产业链条，为当地乡村振兴注入强劲动力。

第三节　和田惠农电子商务有限公司

一、企业基本情况

和田惠农电子商务有限公司（以下简称"惠农电商"）作为新疆果业集团控股子公司，自2018年以来认真贯彻落实自治区领导"打造好品牌、形成好龙头、发挥好优势、带动好发展"的重要指示精神，投资1.8亿元建成和田农产品

和田惠农电子商务有限公司功能区域总览

仓储加工物流集配中心。公司位于和田县巴格其镇，占地277.59亩，建成8万平方米现代化生产经营服务设施，包括加工车间、保鲜库和交易大棚等，并配备核桃精深加工生产线及冷链仓储设备。

公司自2019年10月投入运营以来，已形成30万吨的年加工交易集配能力，累计购销加工核桃160万吨（2024年交易35万吨），服务中小微企业和合作社63家，带动6000余名农民就地就业。通过引进国际先进加工工艺，惠农电商显著提升了和田核桃的加工水平和附加值，现已成为推动当地农民增收和乡村产业振兴的重要平台，有效践行了"两张网"战略部署，为和田特色林果产业高质量发展提供了有力支撑。

惠农电商凭借在电商领域的突出表现，先后荣获多项荣誉：2020年12月获评"和田地区电子商务示范企业"和"电子商务进步单位"；2023年3月被授予"和田县农村电子商务产业联盟企业"称号。2024年10月21日，惠农电商取得核桃油及饮用纯净水食品生产许可证，标志着产品线实现重要拓展。惠农电商始终秉持"安全、高品质"的经营理念，严格执行国家食品安全标准，从原料采购到生产加工实施全流程质量管控。通过完善质量管理体系、优化生产工艺、强化卫生条件等措施，切实保障产品品质，致力于为消费者提供安全放心的优质农产品。

二、管理和销售模式及其成效

（一）强化农业产业化基础设施投入，提升产业发展的竞争力

结合自治区优势林果主产区布局，补短板、强弱项，因地制宜，在和田县建立和田核桃仓储加工交易集配中心1处，建成经营服务设施8万平方米，露天货场2万平方米。改变了过去当地林果产品生产经营基础设施条件差，不能较好地解决产地农产品交易、分选、加工、分级、清洗、预冷、冷藏运输、质量安全等问题。

（二）强化产地加工产业投入，增强市场竞争力

先后投资2500多万元，引进、新建核桃加工生产线、X射线分选机等70余条

（台、套）设备，大力发展核桃产地初加工业务，加强能力建设。通过核桃加工技术的提升，核桃脱青皮加工率由过去的不足20%提升到70%，核桃白仁率由原来的25%提升至80%，有效解决传统、落后的青皮核桃腐化沤烂脱皮问题，以及核桃仁发黄、发黑等问题，核桃商品率和附加值大幅提升，助力新疆核桃开拓国际市场，提高市场份额。2019年至今，主要作为新疆果业集团的出口加工基地，为果业集团核桃出口提供核桃产品；与国内知名的饮品公司合作，为其提供优质、安全的核桃产品原料，塑造了新疆绿色、生态、优质、安全核桃品牌形象。2023年，惠农电商利用当地特色农产品优势，引进核桃饼低温萃取蛋白生产线1条，核桃油毛油及精炼整套生产线1条，日产20吨的核桃炒货生产线1条，6000瓶/小时瓶装饮用水生产线及配套2吨蒸汽锅炉、化验室等，并陆续开发了核桃油及核桃蛋白、多味核桃、脱衣核桃、琥珀核桃仁等系列产品，为线上、线下市场一体化运营拓宽产品范围。

（三）带就业扶贫困，助力农民增收致富

惠农电商以和田核桃产业发展为杠杆，在收购、加工、销售等各个环节安排合适的岗位让贫困户在企务工，通过获得工资收入，解决贫困户的生活实际困难，实现当年脱贫目标。累计安排农民就业3500人次，安置脱贫户就业1000多人；在提供就业岗位的同时，强化农民素质培养，累计为2000人次以上农户提供农业技术、思想教育、普通话培训等，不断提升贫困地区少数民族群众主动脱贫的意识和致富能力，进一步促进了少数民族群众对现代生活、文化的了解，减弱极端宗教思想对少数民族群众的毒害，强化国家意识和现代生活意识。为提升公共服务水平、助力脱贫攻坚、促进民族团结、维护社会稳定发挥积极作用。

三、科技合作与创新

和田地区主要生产的'新184'、'新二'、'新丰'、土核桃等系列核桃产品，以往以销售核桃原果为主，现引入了国内外先进加工设备，对核桃进行去壳、分选、去皮、压榨等工序，陆续开发了核桃油、多味核桃、脱衣核桃等产

品。同时，围绕核桃，还开发了每日坚果、大礼包、干果礼盒等高端产品。通过引进国内外先进的核桃加工生产设备，提升核桃精深加工能力，提高了产品的附加值。带动100多家农民合作社及卫星工厂，帮助300户贫困户实现了脱贫。

四、企业愿景

2025年，惠农电商将增加小包装终端产品及团购业务，以提升毛利率。一是组建团队，全力以赴开拓小包装终端及团购业务终端销售渠道，计划2025年终端渠道销售800吨，逐年递增扩大规模。二是提升精深加工水平，开发烤核桃、多味核桃仁、坚果烘焙食品、核桃油等精深加工产品及饮用纯净水，延伸产业链，增加附加值和品牌知名度，实现500吨以上终端精深加工产品销售规模。

第四节　喀什疆果果农业科技有限公司

一、基本情况

喀什疆果果农业科技有限公司（以下简称"疆果果农业"）成立于2015年11月，注册资金5271万元，是新疆维吾尔自治区农业产业化重点龙头企业、国家高新技术企业，总部位于有"丝路明珠"之称的新疆喀什疏附县。疆果果农业秉持"帮助新疆果农，造福新疆社会"的企业使命，致力于通过科技创新提升新疆林果产品附加值，帮助新疆果农将质优味美的新疆瓜果销售出去。目前，产品已覆盖原果、休闲食品、健康饮品、时令鲜果、精装礼盒等五大产品系列62种，并积极布局三产，努力打造一、二、三产融合发展的综合性企业。

喀什疆果果农业科技有限公司全景

疆果果农业先后获得国家级高新技术企业、重点信用认证企业、新疆维吾尔自治区农业产业化龙头企业、自治区专精特新中小企业、自治区优质电商供应链企业、自治区博士后创新实践基地、自治区级博士后科研工作站、自治区乡村振兴先进集体、自治区民族团结进步示范企业、自治区乡村振兴板展示培育企业等荣誉。疆果果农业先后获得了HACCP体系认证、ISO 22000食品安全管理体系认证、ISO 9001质量管理体系认证、ISO 45001职业健康安全管理体系认证、知识产权合规管理体系认证等认证证书。

二、运营模式与成效

目前，疆果果农业正持续打通全产业链，全面推动完善行业产业分工，确保每款产品质量过硬、品质上乘。

（一）种植管理环节

疆果果农业积极扎根新疆本土，推行"企业+合作社+种植基地"的运营模式，从种植源头入手，帮助当地果农改良林果品种、扩大林果种植规模，开展科学种植培训。疆果果农业邀请科研院所、高校专家教授以及当地的种植能手在田间管理的关键时期深入田间地头，为果农开展林果科学种植管理的现场培训。利用科技小院——核桃小院平台,通过会议、现场指导相结合的方式开展核桃标准化管理技术培训,提高核桃丰产栽培管理技术水平和能力,增加种植户的收益。

截至目前,疆果果农业已累计帮助农户进行果树改良升级4500亩,改良后亩均增收30%以上,全部实现兜底包销;累计帮扶收购本地农特产品11.7万吨,帮助5万户农民增收受益;每年组织培训超过200场次,累计培训超1000场次、超5.6万人次;与81家合作社签订合作协议,带动就近就业超3900人;146户农民成为股东,累计分红180万元。

(二)加工环节

在加工生产环节,疆果果农业对原料优中选优,拥有自建ISO 5级无尘车间(ISO 14644–1标准),800平方米实验室。目前,疆果果农业拥有自建的10万级无尘生产车间并制定了严于国家标准的企业标准,每批次原材料进入公司都需要经过自行检验或者委托第三方检验,只有符合公司标准的原材料才能进入车间生产。生产过程中所有原材料都需要进行3轮机器筛选、2轮人工精选,层层优选,最终只有85%的原材料能够成为终端产品呈现给消费者。

此外,疆果果农业还将每年营收的6%作为研发投入,不断提升制作工艺

产品加工车间

和口感，确保产品成为行业典范，以此确保每年推出8～10款新品，且有1～2款具有成为爆品的潜质。在核桃加工方面，疆果果农业先后推出薄皮核桃、枣夹核桃、烤核桃、脱衣核桃仁、调味核桃仁等产品，现有技术储备15款核桃及核桃仁制品，涵盖炒货、糖果、酱腌菜、罐头、预制菜等五大类产品。

（三）营销环节

疆果果农业注重品牌建设和打造，连续两年入选央视展播品牌，与全国70余家头部媒体建立战略合作关系，是100家中字头媒体和170余家行业核心媒体的特约供稿单位。

疆果果农业通过四个事业部、五大仓（喀什、西安、广州、深圳、上海）、八大销售中心、十四大城市服务网点（喀什、北京、上海、深圳、广州、长沙、成都、西安、郑州、南京、南昌、济南、沈阳、乌鲁木齐），已初步实现了在全国的战略布局。在淘宝、京东、抖音、今日头条、中国电信天虎商城、中国工商银行融易购商城、广州市建筑集团、中国社会扶贫网、中国建设银行善融商城、扶贫832、国家电网慧农帮等600余家第三方平台开设有商城。

（四）管理模式

在管理上，为了让更多人投身到"帮助新疆果农，造福新疆社会"的事业中来，疆果果农业推出了"全员共治，全员共享"的企业治理机制。通过打破传统层级制管理的边界，赋予员工更大的决策权和利益分配权，从而实现组织效率提升、员工价值释放与可持续发展。目前，已有120名员工成为公司股东。在未来将有80%以上的员工有望成为公司股东，共同参与公司治理，共同分享公司发展红利。

通过运用先进的信息化管理模式，打造数字化质量管理平台，目前已经形成集"种植—深加工—销售—科研"于一体的农业产业化经营模式，实现食品生产加工从田间到消费者的质量安全全程可控与可追溯。

通过"企业+合作社+种植基地"的运营模式，疆果果农业取得了快速成长。2023年实现销售额3.5亿元，2024年销售额突破4亿元。

三、科技合作与创新

疆果果农业现有科技人员52人，其中博士2人，硕士研究生7人，拥有发明专利3项、实用新型专利12项、软件著作权12项、外观专利60项，注册商标161个，是新疆维吾尔自治区认定企业技术中心和自治区博士后创新实践基地。先后与喀什大学、新疆农业科学院、西北农林科技大学、中南林业科技大学、华南理工大学、中国农业科学院南方经济作物研究中心等科研单位和院校建立不同层级、不同方式的产学研联合体。疆果果农业科研项目及产品在多次创新创业大赛中斩获殊荣，先后获得"第五届新疆创新创业大赛（喀什赛区）暨第三届喀什地区创新创业大赛成长企业组二等奖""第十一届中国创新创业大赛（新疆赛区）暨第九届新疆创新创业大赛（成长组）三等奖"，入围第十一届中国创新创业大赛全国赛。

四、打造商业生态圈

疆果果农业正在努力打造积极健康的商业生态圈。疆果果农业与喀什地区的各兄弟农产品加工企业开展全方位的合作，并根据各自的资源、能力进行合理化分工，明确各家企业在产业链上的合理位置，充分发挥各家企业的长处，实现最优的资源配置和优势互补，以此推动整个产业链的快速发展。

同时，疆果果农业与兄弟企业一起，制定喀什地区的团体标准、生产加工过程的工艺标准、加工企业的环境标准等。目前已经通过审核的有《T/KSTSNCPJG 0002—2024 大干果》《T/KSTSNCPJG 0001—2024 大坚果》两个标准。通过打造团体标准，提升企业市场竞争力，推动、引领行业整体水平提升。通过提升工艺标准，帮助企业稳定产品质量，提升合格率，提升效益。而更加清晰的环境标准，更将为企业的安全生产提供强有力的保障。

五、企业愿景

疆果果农业将坚定不移发挥"新疆瓜果"的产业优势，深化科研，为消费者提供更美味更健康的疆果产品，持续不断践行"帮助新疆果农，造福新疆社会"的企业使命，引领全体疆果同仁紧密团结在一起，为达成"三个100（产业集群超百亿元，帮扶农户超百万户，持续奋斗超百年）"的奋斗目标不懈努力。

第五节　新疆美嘉食品饮料有限公司

一、基本情况

新疆美嘉食品饮料有限公司（以下简称"美嘉食品"）是2012年7月叶城县通过招商引资引进的一家农业产业化重点企业。美嘉食品坐落于叶城县轻工业园区，占地面积42亩（2.79万平方米），注册资金为5688万元，现有员工384人。美嘉食品是一家集多种系列食品及饮料、农副产品研发、生产、销售于一体的综合性企业，主要依托叶城县60万亩核桃资源，以核桃精深加工为主，生产、销售植物蛋白饮料、核桃仁、核桃油、核桃休闲食品等系列产品。

美嘉食品产品全部通过绿色、有机、ISO9001质量管理体系、HACCP等体系认证。2018年、2019年，公司连续两年被评为"自治区级重点龙头企业"；

美嘉食品概貌

2020年、2023年，获评"国家级农业产业化重点龙头企业"；2021年获得教育部"水媒法提取植物油及副产物高效回收与利用'技术发明奖'"二等奖；2023年，获得自治区"专精特新"中小企业称号。

二、运营模式与成效

核桃产业是叶城县的主导产业，美嘉食品立足叶城县优质核桃资源，在运营方面，注重核桃产业链延伸、品牌建设、技术创新和市场拓展四大核心要务，通过一系列举措，在推动企业自身发展的同时，助力提升叶城县核桃产业的整体竞争力，带动地方经济发展。为加强叶城县乃至新疆地区核桃种质资源的研究与保护，满足核桃精深加工产业链中关键技术研究与应用的需求，美嘉食品建成了核桃产业工程技术研究中心。在产业链延伸方面，美嘉食品加强上下游产业链整合，从种植、加工到销售形成闭环，提高产品的附加值，同时促进相关配套产业的发展。公司实行"企业+基地+合作社+农户"运营模式，与121名农户和21家合作社签订了核桃种植收购合同，并辐射带动周边农户建设标准化有机核桃基地58000亩。

美嘉食品目前拥有核桃油全自动生产线1条，利乐饮料生产线2条，易拉罐

生产车间一角

饮料生产线2条，PE瓶装饮料生产线1条，年产核桃油1.2万吨，核桃蛋白粉0.35万吨，植物蛋白饮料1.5万吨。2023年4月，美嘉食品与蒙牛达成合作，现一期已安装5条生产线（其中：3条年产3万吨纯牛奶生产线、2条年产16万吨酸酸乳生产线），总投资达6800万元，2024年5月已正式启动生产运营，实现年产值1.93亿元，纯利润达2000万元，可实现利税1000万元。

三、科技合作与创新

美嘉食品多年来与北京林业大学、江南大学、新疆大学、新疆农业大学、新疆农业科学院等大专院校及科研单位建立了良好的合作关系，并组建了由各大院校专家为主要负责人的专业服务团队，以"种植、生产、销售、管理、研发"一条龙模式为企业和全县农户提供全方位专业服务，助力企业在产品策划能力、市场营销能力、技术服务能力、核桃深加工关键工艺技术生产能力和质量保证能力等方面全面提升。在技术创新方面，美嘉食品投入研发资源，采用现代农业技术提高核桃的产量和品质，同时开发新产品，满足市场的多元化需求。

四、产品特色与品牌建设

美嘉食品的核桃粉是由核桃经过精细研磨和加工制成的粉末状食品，它保留了核桃的营养价值，富含不饱和脂肪酸、蛋白质、膳食纤维、维生素E、B族维生素以及多种矿物质，凭借其优质的核桃原料和精细的加工工艺，成为一款营养丰富、口感细腻的健康食品。美嘉食品的核桃乳产品以核桃为主要原料制成，具有浓郁的核桃香气和独特的口感，富含优质蛋白质、不饱和脂肪酸、膳食纤维、维生素和矿物质等多种营养成分，采用先进的生产工艺，实施严格的质量控制，以确保产品的品质和口感。在品牌建设方面，美嘉食品通过标准化生产和品质控制，塑造企业自身的品牌形象，注重产品的包装和宣传，以满足不同消费者的需求和喜好，提升产品的市场认知度和消费者信任度。在市场拓展方面，美嘉食品注重国内外市场的开拓，建立稳定的销售网络，通过电商平台和国际贸易渠道,扩大产品的销售范围。

五、企业愿景

核桃产业是叶城县的支柱产业,其发展状况直接关系到老百姓的收入和生活水平。企业发展愿景是推动当地核桃产业的发展,通过对核桃产业的深入挖掘和科学规划,在实现企业快速成长的同时,为地方经济繁荣和社会全面进步贡献力量,确保发展成果惠及每一位农民,让农业成为有吸引力的产业,让农村成为宜居宜业的美丽家园。

第六节　新疆杰品农业科技有限公司

一、基本情况

新疆杰品农业科技有限公司(以下简称"杰品农业")成立于2018年3月,注册资本3000万元,扎根于素有"核桃之乡"美誉的新疆喀什地区麦盖提县库木库萨尔乡。作为一家全产业链现代农业科技企业,杰品农业业务覆盖核桃、红枣的种植培育、精深加工、技术研发、市场营销、电商运营及物流配送等环节,构建起从田间到餐桌的完整产业生态。杰品农业始终秉持"以人为本、求实创新、服务客户、回馈社会"的经营理念,通过创新产业发展模式、整合多方资源、拓展多元销售渠道,有效破解当地优质农产品销售难题,成为推动乡村振兴的重要力量。目前,旗下拥有泽普县阿米伊种植农民专业合作社、麦盖提县杰品种植农民专业合作社、安徽果佳蓓农业科技有限公司、新疆杰品农业科技有限公司等实体,并成功打造"米伊小姐""果佳蓓"等自主品牌,以品牌化运营推动产业高质量发展。

杰品农业凭借突出的产业带动能力与创新实践成果,荣获多项省级荣誉资质:作为新疆维吾尔自治区扶贫龙头企业、喀什地区产业化重点龙头企业,不仅被评为"自治区乡村振兴先进单位""自治区电商供应链示范企业",还连续获得2023年度及2024年度"科技创新优秀企业"称号，并被授予"乡村振兴（助农）突出贡献单位"荣誉称号。同时，杰品农业积极参与行业标准建设，深度参与《中国乡村振兴农产品质量安全与检测》一书的编撰工作，为农业产业标准化发展贡献专业力量。在产品影响力方面，杰品农业主营的核桃、红枣等特色农产品凭借卓越品质，入选上海市对口援疆前方指挥部推荐名录，同时成为央企消费帮扶重点推荐产品。

二、运营模式与成效

杰品农业深耕农业领域，以"以农为本"为核心理念，聚焦健康食品综合开发，构建起"公司+合作社+基地+农户"的全产业链发展模式。通过与农科院、高校等专业科研机构开展深度合作，深度参与原料种植环节，实现从基地源头对原料品质的严格把控。同时，依托科研支撑，杰品农业持续推进绿色健康食品的研发创新，建立起涵盖原料控制、产品研发、综合加工以及线上线下多元销售渠道的完整供应链体系，为消费者提供高品质、可追溯的健康产品。

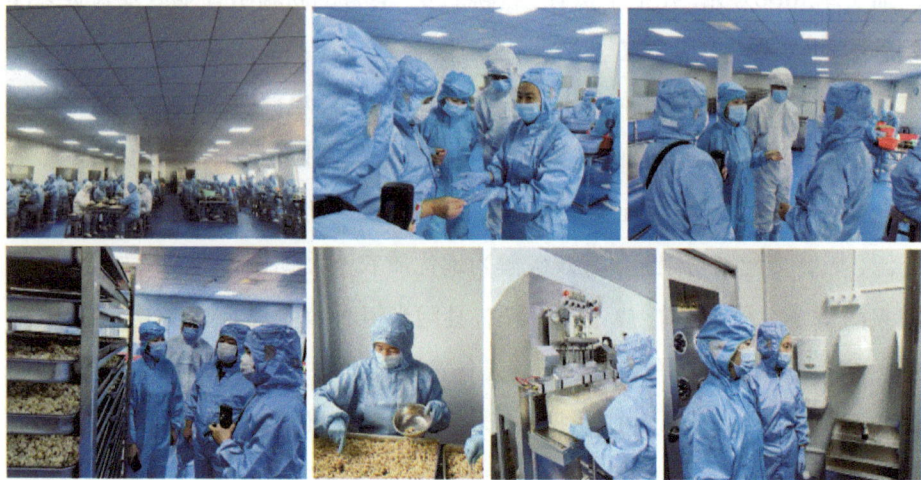

生产线各环节严格把控品质

（一）拓宽农产品销售渠道，助力农民增收

针对传统农产品销售存在的行业痛点，杰品农业积极探索数字化转型路

径，构建"直播带货+社交电商+社区团购"的立体化销售矩阵，有效打通农产品直达终端消费者的"最后一公里"，显著提升流通效率与经营效益。杰品农业深度布局抖音、快手、拼多多、京东、天猫、小红书等主流电商平台，将核桃、红枣、西梅干等新疆特色农产品推向全国市场。

在销售渠道建设方面，杰品农业创新构建线上线下融合的全渠道营销体系，实现多维度触达消费者。旗下核心品牌"米伊小姐"凭借卓越的产品品质与品牌影响力，与辛选集团、遥望集团、谦寻控股等头部电商机构达成深度战略合作，成为"小明正能量""广西母女"及拼多多"TOP女王范范"等知名主播的重点推荐品牌。

凭借持续的创新实践与不懈努力，杰品农业在电商领域屡创佳绩：曾荣登天猫畅销榜第一，在"双十一"电商活动中斩获核桃类目第二名，于拼多多平台稳居畅销榜前三。2024年，杰品农业前瞻性启动国际化战略布局，积极开拓中亚、东南亚跨境电商市场，全力推进"买全疆，卖全球"的重大战略布局，致力于将新疆优质农产品推向世界舞台，助力乡村振兴与农业产业高质量发展。

（二）打造区域品牌，带动核桃产业发展与农户增收

针对当地优质农产品品牌影响力不足的现状，杰品农业着力推进标准化生

杰品农业积极参与扶贫项目与公益活动

产与品牌化运营，增强产品市场竞争力。杰品农业自成立以来，陆续引进核桃去皮清洗、烘干、分选、破壳、选仁、包装等现代化智能生产线，构建起全流程生产体系。在核桃生产季，公司大量收购当地及周边产区核桃，2024年合作社核桃收购量达8300吨，有效促进了当地及周边农户增收。

与此同时，杰品农业积极履行社会责任，通过产业发展带动就业，累计为当地提供近800个就业岗位，提振了农户参与核桃产业的信心。自成立以来，杰品农业持续投身扶贫项目与公益活动，未来也将继续在乡村振兴和社会公益领域发挥积极作用。

（三）发挥电商资源优势，深化产业协同发展

杰品农业积极践行社会责任，将自身电商资源优势向喀什地区喀什市、麦盖提等县市辐射延伸，通过创立双创中心，为当地企业开展电商助农工作提供全方位支持。在推动区域数字经济发展的同时，杰品农业与三只松鼠、溜溜果园、北京加州原野、东方集团等全国坚果行业前20的头部企业建立深度合作关系，涵盖含羞草、华味亨、百草味、好想你等知名品牌，以及天赐、老街口、詹氏集团、阿康食品等行业领军企业，实现资源共享、优势互补，共同探索农产品电商发展新路径，进一步增强产业可持续发展能力。

杰品农业为当地企业开展电商助农工作提供支持

三、科技合作与创新

杰品农业高度重视科技创新与人才培养，组建了一支专业素质过硬的科研

团队，现有7名科研人员，其中博士2人、硕士研究生5人。目前，杰品农业已形成了较为完善的知识产权体系，拥有2项发明专利、6项实用新型专利，在申请专利13项，同时持有2项软件著作权、2项外观专利，并成功注册2个商标，在国际学术期刊发表论文1篇。

作为新疆农业科学院农业质量标准与检测技术研究所新疆核桃重点实验室的研究生实习基地，杰品农业积极开展产学研合作，不断提升科研创新能力。杰品农业承担的科研项目及产品在多项创新创业大赛中脱颖而出，荣获第十届新疆创新创业大赛（喀什赛区）暨第八届喀什地区创新创业大赛、喀什经济开发区第十届"创业之星"成长组三等奖，充分彰显了杰品农业在农业科技领域的创新活力与发展潜力。

四、企业愿景

杰品农业将致力于成为全国领先的南疆核桃数字化产业标杆，以科技创新驱动农业现代化，以卓越品质搭建城乡价值纽带，构建从种植源头到消费终端的全链条信任体系，以务实行动助力乡村振兴，守护大众健康生活。

（一）核心价值主张

科技兴农，创新驱动提升农产品生产、流通效率，推动传统农业向数字化、标准化转型升级。

（二）品质为本，信任为基

严控产品溯源体系，保障每一份农副产品的安全与新鲜，让消费者吃得放心、农民卖得安心，重塑城乡食品消费信任网络。

（三）助农富农，责任担当

聚焦乡村振兴，赋能中小农户与合作社，打破地域限制，拓宽销售渠道，让优质农产品走出大山、走向全国，助力农民增收致富。

（四）绿色可持续，健康新生活

倡导生态友好型农业，推广绿色种植与低碳供应链，为消费者提供天然、营养的优质产品，引领健康饮食新风尚。

第七节　新疆和田果之初食品股份有限公司

一、基本情况

新疆和田果之初食品股份有限公司（以下简称"果之初食品"）是贯彻落实自治区党委、人民政府决策部署，为实现自治区国资委提出的"以新型工业化为第一推动力，发挥国有资本引领带动作用，推进南疆农林牧产业化"战略目标而成立的重点企业。果之初食品注册资金1亿元，坐落于和田县罕艾日克乡巴勒玛斯村，占地面积达350亩。截至2021年12月，总资产规模已达1.7亿元。

果之初食品现已建成完善的农产品加工体系，拥有多项现代化生产线，包括年加工8000吨原果核桃生产线、3600吨红枣加工生产线、5000吨核桃破壳生产线；同时拥有年产300吨核桃油、20吨休闲食品的深加工能力；在初加工环节配备日处理150吨核桃去青皮生产线；此外还建成年产40万吨的纯净水生产线。这些生产线共同构成了果之初食品完整的农林产品加工产业链。

2011年12月"和阗牌核桃"被新疆名牌战略推进委员会授予"新疆名牌产品"，2012年在北京"第三届新疆农产品交易会"上荣获"产品金奖"和"畅销产品奖"，2013年获"新疆维吾尔自治区扶贫龙头企业"称号，2013年荣获和田地区级"农业产业化重点龙头企业"称号，2014年被评为首届"欣明杯和田礼物"三等奖，2014年被评为新疆维吾尔自治区"农业产业化重点龙头企业"，2014年被评为新疆维吾尔自治区"名牌产品"，2015年获得"新疆跨越式发展最具成长力企业奖"荣誉称号，2015年获得"第二届创新创业大赛"优秀奖，2015年荣获自治区农业产业化重点龙头企业，2015年荣获和田县新成长劳动力实训基地，2015年荣获和田地区技工学校实训基地，2015年荣获和田地区民族团结进步模范单位，2016年公司产品被评为"和田礼物""新疆礼物"。

二、管理和销售模式及其成效

2024年,果之初食品经营所属权由省国资委移交至地区国资委,由新业集团代管变更为由和田农牧集团代管。全年实现销售收入3487万元,其中,包装产品实现销售收入1306万元,干果贸易实现收入1719万元,鲜果实现销售收入362万元。

三、科技合作与创新

2024年7月,果之初食品引进AI核桃仁分选设备,实现全面AI分选技术应用,全面提升分选产量。

四、产品特色与品牌建设

杰品农业依托和田地区丰富的核桃资源,大力发展核桃深加工产业,推动当地特色林果业深加工及产业化升级,延伸产业链,实现林果种植、规模化基地、生产加工、销售流通等各环节有机结合,实现资源综合利用,提升产业综合经济效益。杰品农业秉持以核桃深加工产业为主导、红枣为辅的战略指导思想,开发推出以下系列产品:原果核桃、红枣;核桃仁休闲食品、葡萄干休闲食品、巴达木、无花果;核桃油、核桃乳、调味核桃、纯净水等。

五、企业愿景

杰品农业以"1个战略目标,1个核心品牌,2大战略实施路径,4大创意表现和3项市场推广方案"为品牌营销总体思路。其中,战略定位为"新疆核桃产业整合者与引领者";战略目标是打造"新疆核桃产业领导品牌",并致力于打造"果之初"核心品牌;同时坚持贸易和终端渠道两手抓,两手都要硬的战略思路,立足企业现状,把握长远与现实的结合——长远做产业,现实求生存,实现快与慢的有机结合。快抢消费心智,慢做市场教育,5年完成三大转型,从贸易产品向终端产品转型,从核桃向核桃仁产业转型,从产业品牌向消费品牌转型。

杰品农业将按照上市企业的要求，不断完善法人治理结构，强化管理、规范运营，不断提升盈利能力，更好地发挥国有经济在"以工促农""产业惠民"方面的积极作用，着力将杰品农业打造成为具有市场竞争力、在国内具有影响力的特色林果业龙头企业。

第八节　几点启示

南疆地区依托得天独厚的核桃资源优势，通过典型企业的创新实践，逐步构建起集种植、加工、销售为一体的全产业链模式。这些企业在经营管理、科技赋能、社会责任等方面的探索，为新疆核桃产业的高质量发展提供了宝贵经验。结合企业案例与发展趋势，得出以下几点启示：

一、强化全产业链整合，构建协同发展生态

新疆果业集团、阿克苏裕农果业等企业通过"两张网"战略，打通了从田间到终端的全产业链条。例如，新疆果业集团在疆内外布局仓储加工集配中心、批发市场和社区门店，形成"线上+线下"协同的流通体系，年交易量超500万吨，占南疆大宗林果交易量的90%以上；阿克苏裕农果业通过"公司+合作社+基地+农户"模式，统一采收、标准化加工，使核桃商品率显著提升，辐射带动6000多户农民增收。产业链整合能有效解决传统农业"小散弱"问题。通过整合种植、初加工、精深加工、仓储物流和销售等环节，企业可降低中间成本，提升议价能力。未来需进一步延伸产业链条，例如，发展核桃蛋白粉、核桃油等高附加值产品，并探索"农业+文旅""农业+电商"等融合业态，形成一二三产联动发展的产业生态。

二、以科技创新驱动产品升级，抢占市场高地

和田惠农电子商务有限公司引入国际先进加工设备，开发核桃油、脱衣核桃仁等深加工产品，将核桃附加值提升30%以上；喀什疆果果农业科技公司每年投入营收的6%用于研发，推出枣夹核桃、调味核桃仁等创新品类，并建立数字化质量管理平台，实现全流程可追溯。此外，新疆美嘉食品饮料公司通过"水媒法"提取核桃油的技术，获得国家级技术发明奖，其核桃乳产品成为蒙牛等企业的合作产品。科技创新是突破同质化竞争的关键。新疆核桃产业需从初级加工向精深加工转型，通过技术研发解决产品品质等技术难题，开发功能性食品（如核桃肽、膳食补充剂）和个性化产品（如即食零食、健康饮品）。建议企业与科研院所深化合作，建立产学研联盟，加速技术成果转化，同时利用大数据、物联网技术优化供应链管理，提高市场占有率和技术水平。

三、履行社会责任，打造联农带农长效机制

典型企业通过"托市收购""就业帮扶"等方式，将产业发展与乡村振兴紧密结合。例如，和田惠农公司累计安置农民就业6000余人，开展技能培训2000人次；阿克苏裕农果业在疫情防控期间以高于市场价收购青皮核桃，稳定农户收入；喀什疆果果农业推行"全员共治"模式，让120名员工成为股东，带动3900人就地就业。社会责任不仅是企业的道德担当，更是产业可持续发展的基石。新疆核桃企业需进一步构建联农带农机制：一是通过订单农业、保底收购保障农户收益；二是加强职业培训，提升农民在种植、加工环节的专业技能；三是探索"企业+合作社+农户"利益联结模式，让农民分享产业链增值收益。此外，企业可结合新疆文旅资源，打造"核桃主题"观光体验项目，增强产业的社会影响力。

第五章

南疆核桃产业发展的
代表性产品/品牌

作为我国核桃重要的主产区之一，南疆地区依托得天独厚的光热资源和生态优势，已发展成为全国最重要的优质核桃生产基地。近年来，在乡村振兴战略和特色农产品优势区建设的政策引领下，南疆核桃产业正经历着从注重产业规模向注重质量提升的关键转型。在产业规模方面，南疆核桃产量呈现稳步增长态势。在国际贸易方面，南疆核桃远销中亚、中东、欧洲等14个国家和地区。在产品结构方面，随着消费升级，南疆核桃加工已从初级农产品向高附加值产品延伸。本章将重点分析南疆核桃产业的代表性产品和品牌建设情况，通过系统梳理坚果类初级产品、核桃油、蛋白制品及副产品综合利用等四大类产品的发展现状，探讨产业高质量发展的优化路径，为提升南疆核桃产业竞争力和品牌影响力提供参考依据。

第一节　南疆核桃坚果及仁类产品

一、核桃坚果及其产品

南疆核桃的主栽品种有'温185''新新2''扎343'和'新丰'核桃等。近几年，'温185'和'新新2'核桃因壳薄、出仁率高、口感香甜等特点，且受市场销售价格和消费需求等因素影响，成为林农间作的主要品种。

（一）'温185'核桃

'温185'核桃是阿克苏温宿县的特色农产品，已申报国家特级农产品资质，凭借优良的品质，远销德国、英国、加拿大等国际市场。'温185'核桃是优质薄壳核桃品种，核桃个头大，出仁率在60%以上，果仁饱满，色泽金黄，涩味淡，是

'温185'核桃

市场上最受欢迎的核桃品种之一。同时,'温185'核桃还获得香港优质"正"印认证,是"六个核桃""三只松鼠"等知名品牌的主要原料。'温185'核桃不仅适合鲜食,还被广泛加工为核桃油、核桃粉、核桃乳等多种产品。2024年,阿克苏涵萃果业有限公司收购'温185'核桃超过5000吨,并通过自动化生产线进行加工,产品主要销往浙江、上海、云南等地。

(二) '新新2' 核桃

'新新2'核桃是新疆地区的优良品种,核桃果实较大,壳薄,果仁饱满,含油率高,涩味低,备受市场和消费者青睐。近年来,阿克苏地区作为'新新2'核桃的主产区之一,通过电商平台进一步拓展了国内外市场,2024年,当地企业通过自动化生

'新新2' 核桃

产线加工'新新2'核桃,产品主要销往浙江、上海、云南等地。

二、核桃仁及其产品

核桃仁是核桃坚果的食用部分,其中的脂肪含量可达核仁质量的60%以上,因此被称为"植物油王"。此外,核桃仁中还含有蛋白质和8种人体必需的氨基酸。鲜食核桃仁具有味甜、风味佳的特点,并且所含氨基酸、维生素C等营养成分远高于干核桃,深受广大消费者的喜爱,具有广阔的市场前景。

2024年中国核桃仁十大品牌榜中前三品牌为詹氏山核桃、姚生记、绿岭核桃。中国年均核桃仁消费量高达35.79万吨,位列全球第一,约是全球第二大核桃仁消费国美国年均消费量(14.38万吨)的2.5倍,较"美国、法国、德国、日本、土耳其、乌克兰、伊朗、西班牙、意大利"九大核桃消费国年均核桃仁消费总量(28.35万吨)高出7.44万吨。

据新疆统计局数据,2023年新疆核桃的出仁率达到了52%,高于全国平均水平4个百分点,出口金额达15亿元,占果品出口总金额的51.7%。2024年新疆

核桃出口量和出口金额保持两位数增长，线上销售渠道的销售额占比预计达到40%，较2023年的30%有显著提升。

新疆客来木农产品有限责任公司专注于核桃出口，2023年出口核桃原果2万吨、核桃仁4000吨。2024年，阿克苏地区浙疆果业有限公司与我国台湾高鸿参药行签订合作协议，加强台湾省新疆果品销售合作，已销售阿克苏核桃20吨。新疆银光国际贸易有限公司出口核桃原果及核桃仁，主销俄罗斯、土耳其等市场，2024年出口量超5000吨，公司依托"天山号"，实现15天直达欧洲。该公司注册的"Silk Road Nut"国际商标，通过欧盟有机认证，终端售价较国内高40%。该公司获中央财政产业集群奖补资金支持，建设仓储加工中心，年处理能力达10万吨，成为南疆核桃集散枢纽。

近年来，我国核桃产品的进口量呈逐年下降趋势，核桃仁进口量从2014年最高7230吨持续回落，2023年已不足200吨。核桃仁进口量锐减，出口量提升，充分说明了国内企业已普遍接受国内加工核桃仁产品，同时国内核桃仁产品也得到国际市场普遍认可。

核桃仁根据核桃品种、产地、加工工艺及产品特性等不同，可以分为多种类型。这些类型在口感、营养成分和应用场景上各有特点，满足了不同消费者的需求。

（一）盐焗核桃仁

盐焗核桃仁在保留了核桃仁原有营养组分的基础上，通过盐焗工艺赋予核桃仁独特的咸香味，满足消费者口味多样化的需求。随着消费者对健康零食需求的增加，盐焗核桃仁作为一种低糖、高蛋白的健康食品，受到市场青睐。近年来，南疆的核桃加工企业发展迅速，所生产的盐焗核桃仁在国内坚果市场中占据一定份额。2023年，中国盐焗核桃市场规模约为120亿元人民

盐焗核桃仁

币，同比增长15%。

（二）脱衣核桃仁

核桃仁外有一层浅黄色内种皮，富含大量酚类物质，尤其是能沉淀蛋白质、生物碱的水溶性单宁成分，并且可以与唾液蛋白质结合，使舌头上皮组织细胞收缩，引起令人不悦的收敛感和干燥感，使核桃制品产生苦涩味，会影响核桃仁加工制品的感官体验，大多数消费者并不喜欢带有种皮的核桃产品。

脱衣核桃仁

目前，核桃加工产业正朝着以"风味"为导向的方向稳步发展。阿克苏市的浙疆果业有限公司，是一家致力于核桃标准化生产的农产品深加工企业，该公司采用国内领先的生产技术及设备，使用高压射流技术、超声波清洗、多光谱色选等物理脱衣方式，保证了脱衣核桃仁的口感和新鲜度，使成品残衣率控制在2.5%以下。

第二节　南疆核桃油产品和品牌

南疆核桃油产业近年来发展迅速，已成为新疆特色农产品加工业的重要组成部分。根据CNPP品牌数据研究院的最新数据，2024年中国核桃油十大品牌中，"御福年""摩尔农庄""核心为你"位列前三位，反映出国内核桃油市场品牌化发展的良好态势。当前国内核桃油市场规模已达120亿元，预计到2030年将增长至180亿元，展现出广阔的发展前景。

一、核桃油产品原料

在核桃油产品原料方面，南疆核桃具有显著优势。通过对25个核桃品种的分析，其种仁油脂平均含量达52.64%，最高可达68%，比其他主产区高出约3个百分点。这些优异的品质指标为南疆核桃油产业奠定了坚实的原料基础。核桃油富含三酰甘油（83%~95%）、不饱和脂肪酸、维生素E、角鲨烯等营养成分，在保健功能方面具有独特优势。

二、核桃油产品特性

在核桃油产品特性方面，南疆核桃油具有浓郁的核桃香味和醇厚口感，烟点在160~180℃之间。目前，主要的制备工艺包括压榨法、溶剂萃取法等。在产品分类方面，按工艺可分为低温压榨、热榨和溶剂提取核桃油；按质量等级分为特级、一级和二级；按用途则包括食用、工业和化妆品用三大类。

南疆地区已涌现出一批具有代表性的核桃油生产企业。阿克苏晟鼎油脂公司建成了年产能3000吨的超临界萃取生产线；和田果之初食品公司拥有7条生产线，开发了40余款产品，2024年前两个月的销售收入就达110余万元；喀什光华现代农业公司创新研发了国内首条研磨法低温联产生产线，将核桃综合利用率提升至92%，同时使生产成本降低50%；好古丽农业科技通过引入分子蒸馏等技术，显著提升了产品品质和市场竞争力。

三、核桃油技术创新

在核桃油技术创新方面，南疆企业取得了显著突破。阿克苏浙疆果业通过低温低残油压榨技术将出油率从45%提升至60%；喀什光华公司不仅参与了多项行业标准的制定，还成功研发了初步显现出降血脂功能的核桃甘油二酯油新产品。这些技术创新不仅提高了产品质量，也降低了生产成本，使核桃油产品更加亲民。

四、核桃油产品类型

随着健康消费意识的提升，核桃油深加工产品发展迅速。以核桃油为原料的功能性食品如胶囊、口服液等产品因其富含ω-3脂肪酸、维生素E等营养成分，对心脑血管健康有益而广受欢迎。新疆果业集团、叶尔羌农业科技等企业正在积极开发天然健康的核桃油护肤品和保健品，进一步拓展产业链。

总体来看，南疆核桃油产业已形成从原料种植到精深加工的完整产业链，通过持续的技术创新和产品升级，不断提升市场竞争力和附加值。在龙头企业带动下，南疆核桃油产业正在向标准化、品牌化、高值化方向发展，为乡村振兴和区域经济发展作出了重要贡献。

第三节　南疆核桃蛋白产品和品牌

一、核桃蛋白饮品

核桃蛋白饮品正以其独特的营养价值成为健康饮品市场的新宠。这类以核桃为主要原料的植物蛋白饮品，凭借不含乳糖、低胆固醇的特性，以及富含优质蛋白、氨基酸和不饱和脂肪酸等营养成分，特别适合乳糖不耐受人群和追求健康饮食的消费者。

目前，国内核桃乳市场呈现品牌集中化趋势，河北养元智汇饮品股份有限公司的"六个核桃"核桃乳产品以2023年57.08亿元的营业收入领跑行业，其明星产品"六个核桃2430"通过科学配比，提出"一天一罐，坚持三十天改善记忆力"的健康主张，赢得了市场认可。新疆企业则通过创新工艺突破技术瓶颈，如"全核桃CET冷萃工艺"和"五重细化研磨"技术，有效改善了传统核桃乳的苦涩口感。

南疆作为优质核桃产区，涌现出一批专业生产核桃蛋白饮品的企业。新疆美嘉食品、雪山果园等企业生产的植物蛋白乳品质优良，深受市场欢迎。与此同时，喀什光华等企业积极开展深加工研发，成功开发出具有益智、降尿酸功能的核桃多肽等创新产品，不断拓展核桃加工的应用领域。

这些发展表明，核桃蛋白饮品正在从单一饮品向功能化、多元化方向拓展。

（一）核桃酸奶

核桃酸奶

核桃酸奶以新疆优质核桃和生牛乳为主要原料，结合现代发酵技术，部分产品可能采用超低温冻干技术，将牛奶与核桃按1∶1比例融合，实现零添加，且常温保质期可达1年，突破了传统酸奶保质期短的限制。核桃酸奶融合了核桃的健脑成分（磷脂）与酸奶的益生菌功能，具有低脂肪、0胆固醇、0乳糖的特点，适合儿童及乳糖不耐受人群食用。食用核桃酸奶对便秘和细菌性腹泻有预防作用，可以减轻饱闷、腹胀等症状。

新疆酸奶市场近年增长迅猛，发酵乳销量连续3年以20%以上增速领跑乳制品。新疆瑞源乳业开发了烤酸奶、燕麦仁酸奶等多种口味，在乌鲁木齐市场实现销售额增长250%，满足不同消费者的需求。此外，新疆牧民人家公司生产的核桃酸奶是在酸奶中添加核桃仁，通过科学的工艺配方，保留了核桃的营养成分，同时融合了酸奶的益生菌和活性乳酸菌，具有浓郁的核桃香气和酸奶的细腻口感。

2024年，中国农业科学院农产品加工研究所与新疆天润乳业集团合作，开发了高品质核桃酸奶。该产品突破了核桃酸奶专用发酵菌种缺乏、风味不足的瓶颈，具有酸度稳定、质地黏稠和典型的核桃发酵香气，未来还将推出巴旦木酸奶等植物基乳制品。

（二）核桃杏仁露

核桃富含不饱和脂肪酸、矿物质和维生素等成分，而杏仁中的蛋白质含量高达25%。核桃杏仁露是一款结合了核桃和杏仁双重营养特性的混合植物蛋白饮品，富含维生素E、膳食纤维等多种营养成分。核桃和杏仁的混合使得这款饮品既有核桃的浓郁香味，又有杏仁的清新口感。该饮品具有降低胆固醇，清除体内自由基,促进肠道蠕动,缓解便秘等功效。它的出现满足了消费者对创新和多样化产品的需求,深受对植物蛋白有特殊需求人群的喜爱。

新疆雪山果园食品有限责任公司利用南疆地区丰富的核桃和杏仁资源,采用先进的生产工艺,实施严格的质量把控,和疆内外300多家经销商合作,产品销往全国31个省(区、市)。

核桃杏仁露

(三)核桃乳

作为国内核桃深加工领域的龙头企业,河北养元智汇饮品股份有限公司凭借每年超10万吨的核桃原料消耗量,构建起覆盖全产业链的发展体系。企业通过创新"5·3·28"工艺及全核桃CET冷萃技术,将核桃颗粒细化至80纳米,联合六大科研平台攻克种皮苦涩难题,实现了从原料处理到产品研发的技术突破。同时,依托"集团+地方企业+农户"的产业合作模式,河北养元智汇饮品股份有限公司在新疆建成高产示范园与原产地工作站,不仅推动了当地核桃种植技术升级,更助力企业荣获"国家级绿色工厂"认证。自2018年起,企业累计投入超2亿元用于技术研发,为行业技术进步树立标杆。

在南疆核桃主产区,河北养元智汇饮品股份有限公司通过系统化产业布局,推动当地核桃产业转型升级。自2021年起,企业在南疆市场的销售额从1.2亿元增长至2023年的1.8亿元,带动商超铺货率提升至90%,并将销售网络下沉至县级市场。通过建立稳定的原料采购体系,企业为当地核桃种植户提供了稳定的销售渠道,促进了产区经济循环。原产地工作站的设立,将先进种植技术引入产区,提升核桃品质与产量;高产示范园的建设,为农户提供标准化种植样板，推动了当地核桃产业的规模化、现代化发展，有效带动南疆地区核桃产业链上下游协同发展，为区域经济增长注入活力。

六个核桃销售额

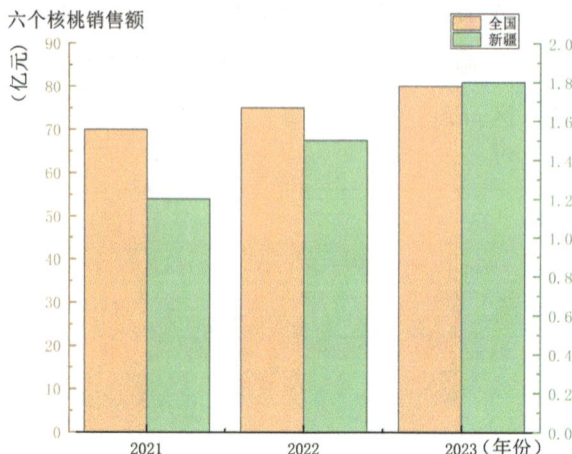

"六个核桃"核桃乳销售额变化情况

二、核桃蛋白肽产品

核桃蛋白肽是从核桃粕中经现代生物酶解技术制得，具有降血压、减缓细胞衰老、预防动脉粥样硬化等功能，是一种极具潜力的天然保健物质。核桃蛋白肽为小分子肽，因其良好的溶解性和乳化性，更易被人体吸收和利用，可广泛应用于食品、保健品、化妆品等多个领域。核桃蛋白肽的著名品牌有super walnut核桃肽GABA胶原饮和纽崔莱核桃肽，其中，super walnut核桃肽GABA胶原饮针对睡眠亚健康人群研发，具有健脑助眠功效。纽崔莱核桃肽添加了有机核桃肽和磷脂酰丝氨酸（PS），被称为"双重脑活力因子"，适合儿童和需要补充脑营养的人群。

新疆伊犁人民国肽集团是一家以生物活性肽和功能性食品多肽类蛋白药物研发生产为主业的综合性公司。其采用生物酶解技术，生产的核桃肽产品分子量小、易吸收。喀什地区的新疆美嘉食品饮料有限公司已建成产能5000吨的多种核桃蛋白、蛋白肽提取制备生产线，产品包括核桃毛油、水解核桃蛋白、浓缩核桃蛋白和核桃蛋白肽；同时，建成年产能2000吨的GMP功能性食品生产车间,可用于核桃蛋白肽产品的生产。

2024年,阿克苏浙疆果业有限公司重点研发了核桃肽和核桃蛋白两款功能性新产品。该公司打造"国家级优质核桃基地",并获批博士后科研工作站,推动核桃产业的科技化和品牌化。

三、核桃蛋白相关产品

(一)核桃蛋白粉

核桃蛋白粉是以核桃粉或核桃粕为原料,经脱油、乳化、均质、干燥等工艺制成的膳食营养补充剂。核桃粕中含有40%~50%的蛋白质,从中提取的蛋白粉富含蛋白质和多种氨基酸,脂肪含量低,对骨骼健康有益,适合孕妇和老年人食用,有助于胎儿发育,对改善智力发育迟缓问题也有积极作用,是一种具有开发潜力的植物蛋白资源。

核桃蛋白粉

2023年中国核桃蛋白粉市场规模达到4.2亿元人民币,预计到2025年,市场规模将进一步扩大至5.8亿元人民币。新疆大智慧核桃食品有限公司是以生产核桃粉为主的企业。该公司选用南疆地区的优质核桃作为原料,致力于生产高品质、营养丰富的核桃粉产品,通过技术创新和研发,不断提升产品品质和口感。

(二)核桃玛仁糖

核桃玛仁糖是一种以核桃仁为主要原料,同时添加葡萄干、蜂蜜、巴旦木等天然食材的新疆特色食品,核桃玛仁糖中核桃仁含量高达80%,富含蛋白质、不饱和脂肪酸和维生素E等成分。核桃玛仁糖保留了核桃仁本身的药用价值,具有健脑益智、润肠通便的功效。它不仅是和田地区的传统特色食品,更是形成了具有经济价值的特色产业,深受当地居民和游客喜爱。

新疆阿布丹公司是国内唯一一家实现民族特色食品核桃玛仁糖产业化生产的企业，其生产的核桃玛仁糖有原味、玫瑰味、芝麻味等，满足消费者口味多样化的需求。公司引进了先进的生产设备，利用滚筒高压水枪核桃仁去皮技术，提升了生产效率，核桃玛仁糖年产量达1800吨。

该公司作为自治区龙头企业，通过"公司+合作社+农户"的模式，整合了当地核桃资源。公司通过了HACCP食品安全管理体系及ISO质量管理体系认证，核桃玛仁糖获得"新疆著名商标""有机食品"等多项荣誉。

核桃玛仁糖

第四节　核桃加工剩余物再利用产品

一、核桃青皮再利用产品

南疆地区核桃产量逾百万吨，由此产生的核桃青皮资源十分丰富，但其综合利用率较低，大部分被作为废弃物处理。研究表明，核桃青皮含有丰富的膳食纤维、矿物质以及萘醌、多糖等生物活性成分，在传统医药中可用于治疗水痢不止、痈肿疮毒等疾病。此外，核桃青皮中的功能性成分，如胡桃醌、多酚和黄酮类化合物，不仅具有显著的抗氧化和抗肿瘤活性，还在调节免疫力、抗炎等方面表现出潜在应用价值，因此可用于开发功能性食品、保健品及药物，具有广阔的市场前景和资源化利用潜力。通过深加工技术提升核桃青皮的附加值，不仅符合绿色可持续发展理念，还能推动核桃产业向高值化方向转型。

（一）天然抑菌洗手液

随着人们生活品质的提高，开发新型天然抑菌剂成为当前的研究热点。天然抑菌剂因其抑菌效果良好更易被人们接受。胡桃醌作为核桃青皮中的主要天然活性物质，可用来开发天然抑菌洗衣液、天然染发剂等产品。

核桃青皮

利用核桃青皮提取物开发的天然抑菌洗手液中添加了甘油、芦荟胶、维生素E等保湿成分，能够在清洁的同时滋润皮肤，避免频繁使用导致的干燥和刺激。凭借核桃青皮提取物的高效抑菌性、天然环保性和安全性，它已经成为传统洗手液的理想替代品。

数据显示，2022年中国抑菌洗手液线上渠道销售占比为32.2%，线下渠道占比为67.8%。在疫情后，消费者对个人卫生的重视程度显著提升，天然抑菌洗手液成为市场上的热门产品。

2024年，全球天然有机洗手液市场规模达到38.3亿美元，预计到2032年将达到65.4亿美元，年复合增长率约为6.92%。在中国，天然抑菌洗手液市场也呈现出快速增长的趋势，2024年市场规模达数十亿元人民币。

（二）天然染发剂

由陕西嘉禾药业有限公司与西北农林科技大学联合研发的核桃青皮天然染发剂，成功实现了农业废弃物的高值化利用。该产品以核桃青皮提取物为核心成分，富含多酚类、黄酮类等活性物质，不仅赋予头发持久自然的着色效果，更能为发丝提供营养修护。2023年，全球天然染发剂市场规模达到了数十亿元人民币，2024年，中国天然染发剂市场规模持续扩大，预计未来几年将以较高的年复合增长率（CAGR）保持增长。

二、核桃壳再利用产品

核桃壳是介于核桃青皮和核桃仁之间、质地较为坚硬的生物质，是属于废弃物。其主要含碳、氢、氧、氮等元素，也含有钙、硅、磷等微量元素，具有消肿止痛、固肾补气、治疗腰酸腿疼等功效，直接丢弃会造成资源浪费。在工业生产中，既可开发成活性炭、滤料、磨料、堵漏颗粒等，也可开发出高附加值的其他产品。

（一）核桃壳活性炭

核桃壳活性炭含有碳、氢、氧、氮等元素，具有较高的比表面积和较强的吸附能力，载污能力强，使用寿命长。核桃壳活性炭因其环保、高效的吸附性能，在水处理、空气净化和食品行业等领域具有广阔的应用前景。在水处理领域，主要用于工业含油污水、饮用水的净化，有效去除水中的悬浮固体、异味等；在空气

核桃壳活性炭

净化方面，可用于去除空气中的甲醛、甲苯等有害气体；在食品行业中，用于脱色、除味，提升食品品质。

新疆志宇新能源有限公司将核桃壳加工转化为环保活性炭，实现了废弃物的资源化利用，该公司主营核桃壳活性炭，攻克了活性炭在运输过程中易燃烧的技术难题，生产的产品不仅环保且具有较高的经济价值，产品畅销全国。新疆赛诺凯生物科技有限公司主营木质颗粒活性炭和粉末活性炭等产品，该公司致力于碳材料及其衍生品的研发制造，开发了多种活性炭产品。新疆立净环保科技有限公司是一家专业生产加工活性炭的企业，该公司主营煤质粉炭、蜂窝炭和原煤等，拥有完整、科学的质量管理体系，产品广泛应用于环保领域。

新疆的核桃壳活性炭生产企业在环保和资源利用方面表现出色，不仅将

核桃壳变废为宝，还开发了多种应用场景，如环保活性炭、生物质燃料和粉末活性炭等。这些企业不仅推动了当地经济发展，还为环保事业作出了贡献。

（二）核桃壳颗粒

核桃壳可以通过粉碎、筛分、抛光等工艺生产出不同规格的核桃壳颗粒，用于核桃壳滤料、核桃壳磨料、核桃壳堵漏颗粒、核桃壳粉等产品的开发。广泛用于石油开采堵漏、化工材料、机械抛光、水质净化、化妆品、宠物床材等行业。新疆生产建设兵团第一师3团为适应产业形势发展，与商洛盛大实业股份有限公司就核桃壳加工项目建设签订框架合作协议，拟借鉴商洛盛大实业股份有限公司核桃壳综合开发利用技术，推动当地核桃产业高质量发展。

商洛盛大实业股份有限公司生产的核桃壳滤料、堵漏剂、磨料产品

（三）核桃壳钠离子电池负极材料

新疆（温宿）核桃全产业链科技园加工项目是北京强佑企业厚生科技集团的生产板块，也是"厚生坊"品牌产品的生产基地。通过"新能源电池先进负极材料高科技项目"与深圳寒暑科技合作，利用核桃壳制备钠离子电池负极材料，技术领先，已与比亚迪、宁德时代等达成合作意向，推动核桃壳高值化利用，助力新能源产业发展。

三、核桃分心木再利用产品

核桃分心木为胡桃果核内的木质隔膜，又名胡桃衣、胡桃隔、核桃隔膜，呈薄片状，浅棕色至棕褐色，通常占核桃总质量的5%左右。中医认为分心木性味苦、涩，有健脾固肾、利尿清热和暑热泻痢等功效，适用于治疗崩中下血、耳

核桃分心木

聋、尿频等症状。大量研究表明，分心木中含有油酸、乙酸乙酯、黄酮、鞣质、生物碱和多肽等化合物，具有抑菌、抗氧化、降糖、抗癌等多种活性，是药食两用的佳品，但有关分心木产品开发和资源应用方面的研究报道比较少。随着核桃精深加工产品的增加，分心木也随之大量产生，探究核桃分心木的综合加工利用，进一步提升其附加值，对于促进核桃产业发展具有重要意义。

目前，分心木产品类型以烘烤整形分心木茶为主。产品主要是经修整并烘烤的分心木原料，烘烤可改善其口感、色泽和香气。将分心木用热水泡或者煎服，可以治疗肾虚遗精等。

核桃分心木袋泡茶是一种以核桃分心木为主要原料制成的茶饮品。核桃分心木味苦、涩，口感差，核桃分心木袋泡茶通常与其他中药材或柠檬片等混合，经过干燥、粉碎、包装等工艺制成，可以淡化分心木的苦味，增加茶的酸甜口感，具有抗氧化、抗炎、调节血脂等功效，满足消费者的养生保健需求。分心木袋泡茶的开发可以进一步提升核桃的附加值，

核桃分心木袋泡茶

同时丰富袋泡茶的种类，对于促进核桃产业的发展，提高经济收益具有重要意义。分心木袋泡茶市场整体规模持续增长，年增长率约为12%，目前在养生袋泡茶市场中占比约为3%。新疆天下福生物科技有限公司是一家生产核桃分心木系列产品的企业，以核桃分心木为原料，采用低温萃取技术，保留核桃分心木中的活性成分，开发了核桃分心木袋泡茶等深加工产品，主打天然、无添加，市场反响良好。

第六章

南疆核桃产业发展
效益评价

南疆作为新疆核桃主产区，其产量约占全疆总产量的95%，核桃产业已成为促进当地农民增收致富的重要支柱产业。统计数据显示，部分县（市、区）农民全年经济收入中，核桃产业贡献率超过40%。在全面推进乡村振兴战略背景下，科学评估南疆核桃产业发展的综合效益，不仅关乎产业自身的可持续发展，更是制定区域特色产业发展政策的重要依据。本章首先对所调研的30家样本企业进行评估，并以此为基础测算产业发展指数和创新指数，以2024年作为基期，为后续评价产业发展效益奠定基础。然后，从产业发展、经济带动、就业增收和科技创新等多个维度，系统分析南疆核桃产业的经济社会效益，旨在为优化产业布局、推动产业转型升级、完善政策支持体系提供理论支撑和实践参考。通过全面评价核桃产业对区域经济社会发展的综合影响，可为培育特色优势产业、促进农民持续增收、实现农业农村现代化提供有益借鉴。

第一节 南疆核桃产业发展指数和创新指数

一、南疆核桃产业发展指数、创新指数制定的背景

为更好、更直观地反映南疆核桃产业发展趋势，帮助政府部门监测产业发展状况，制定和调整产业政策，帮助企业通过产业指标来判断市场趋势，制定发展战略，帮助研究者通过产业指标来分析和预测产业的发展规律和未来走向，根据国家有关产业指标编制通用规则和办法，研究制定南疆核桃产业发展指数和创新指数。

南疆核桃产业发展指数是一系列用于评估和衡量南疆核桃产业发展状况的数据指标，是反映南疆核桃产业发展状况的重要工具，能够反映产业的规模、结构、效益以及发展质量，对于促进产业的健康发展、优化产业结构、提高产业竞争力具有重要意义。

南疆核桃产业创新指数是一套通过量化指标系统,科学评估、动态监测和综合反映南疆核桃产业整体创新能力水平及其发展态势的综合性评价工具。该指数聚焦于南疆核桃产业在年新增研发投入、新增专利、新增研发产品、新增培养人才等关键维度的投入强度、活跃程度、产出效率与实际成效。

二、南疆核桃指数基准年及样本指标

(一)南疆核桃指数基准年
南疆核桃指数以2024年为基准年。

(二)南疆核桃产业发展指标与创新指数样本指标

1. 南疆核桃产业发展指标

(1)产业规模指标

第一产业方面,产业规模指标包括:种植面积、收获面积、年产量,初级农产品总产值,从业人数;第二三产业方面,产业发展指标包括:年产业增加值、总产值、销售额、库存、就业人数等,用于衡量产业的总体经济规模。

(2)产业结构指标

反映产业内部的构成情况,主要涵盖初级农产品年产量,以及加工后主要产品的数量、占比等。如:南疆核桃鲜果年总产量、核桃干果年总产量、核桃鲜仁年加工量、核桃干果年加工量、核桃仁年加工量、核桃油年加工量、核桃饮品年加工量、核桃蛋白粉和肽类年加工量、核桃加工副产物年加工量,以及它们的比例、产业链上下游关系等,用于评估产业的结构。

(3)产业效益指标

包括年销售额、年成本、年上缴税收、年利润、年资产收益率、年市场份额或占有率等,用于评估产业的经营成果和市场表现。

2. 南疆核桃产业创新指数样本指标

一是新增生产能力指标,包括:新增固定资产投资额、技术改造投资额、年新增专利和新增研发品种、年新增生产量。二是创新建设指标,包括:年新增研发投入经费、年培养人才数等。用于衡量产业的长期发展潜力和竞争优势。

（三）指标的分值

1. 南疆核桃产业发展指数的具体指标及分值

种植面积10分，南疆核桃鲜果年产量12分，种植业从业人数8分，年加工总产值12分，年销售额12分，加工销售就业人数8分，年上缴税收5分，年利润8分，年资产收益率6分，年新增资产投入5分，年研发经费投入8分，年申请专利6分。总计100分。

2. 南疆核桃产业创新指数的具体指标及分值

新增固定资产投资额（含技术改造）18分，年新增研发投入经费18分，年新增专利16分，新增研发品种16分，年新增生产量16分，年新增培养人才数16分。总计100分。

（四）南疆核桃指数的计算

1. 南疆核桃产业发展指数计算

按报告期下一年度30家样本企业的某一指标值总和与基期年2024年指标值总和进行对比，乘以对应分值，得出报告期样本指标值，最后对所有指标值进行加和，即为报告期产业发展指数。

例：

2025年种植面积指标值＝（2025年种植面积/2024年种植面积）×10分

其他项指标参考计算

2025年产业发展指数＝2025年所有指标值相加之和

2. 南疆核桃产业创新指数计算

按报告期下一年度30家样本企业的某一指标值总和与基期年2024年指标值总和进行对比，乘以对应分值，得出报告期样本指标值，最后对所有指标值进行加和，即为报告期产业发展指数。

例：

2025年新增固定资产投资指标值＝［2025年新增固定资产投资（含技术改造）总和/2024年固定资产投资（含技术改造）总和］×18分

其他项指标参考计算

2025年产业创新指数＝2025年所有指标值相加之和

（五）样本企业

通过调查问卷的方式，征集南疆核桃主要产区样本企业30家，其中阿克苏地区13家，喀什地区7家，和田地区8家，新疆建设兵团1家，覆盖全疆范围的企业1家；按行业分类有种植和加工兼营企业9家，加工和销售兼营企业7家，单一种植企业2家，单一加工企业8家，设备和农资生产企业2家，种植、加工和销售兼营企业2家。名单详见表6-1。

表6-1 中国南疆核桃产业（2024年）发展指数样本企业

序号	区域	企业名称	企业类型
1	阿克苏	新疆塔格拉克生态农业有限公司	加工
2	阿克苏	温宿县绿佳园农产品专业合作社	种植/加工
3	阿克苏	温宿县启德油脂有限责任公司	加工
4	阿克苏	温宿县金太阳果业农民专业合作社	加工/销售
5	阿克苏	阿克苏市皖疆枣业农民专业合作社	种植/加工
6	阿克苏	温宿县红沙漠生态园林开发有限责任公司	种植
7	阿克苏	新疆合生机械科技有限公司	设备/农资
8	阿克苏	乌什县帅骆驼果业有限公司	加工
9	阿克苏	阿克苏地区丰达农林科技发展有限公司	加工
10	阿克苏	新疆浙疆果业有限公司	加工
11	阿克苏	新疆温宿县木本粮油林场	种植/加工/销售
12	阿克苏	新疆厚生生物科技有限公司	加工
13	阿克苏	新疆益果生物科技有限责任公司	设备/农资
14	喀什	新疆核之源农产品有限责任公司	种植/加工
15	喀什	新疆美嘉食品饮料有限公司	种植/加工
16	喀什	喀什光华现代农业有限公司	加工
17	喀什	新疆杰品农业科技有限公司	种植/加工
18	喀什	新疆泽普县农乐园农业有限公司	种植/加工
19	喀什	泽普县润泽农业产业发展有限公司	种植/加工
20	喀什	喀什疆果果农业科技有限公司	加工/销售
21	和田	新疆客来木农产品有限责任公司	种植/加工

序号	区域	企业名称	企业类型
22	和田	和田县绿林农产品农民专业合作社	加工
23	和田	新疆若合兰商贸有限公司	加工/销售
24	和田	新疆西域乌敦农产品有限责任公司	种植
25	和田	新疆阿布丹食品开发有限公司	加工/销售
26	和田	和田惠农电子商务有限公司	加工/销售
27	和田	新疆昆仑郎食品开发有限公司	加工/销售
28	和田	新疆昆仑之味农业科技开发有限公司	加工/销售
29	新疆建设兵团	阿拉尔市三团豫兴果品农民专业合作社	种植/加工
30	全疆	新疆果业集团有限公司	种植/加工/销售

三、南疆核桃产业发展指数

南疆核桃产业发展指数以2024年为基准年，指数值为100。见表6-2。

表6-2　南疆核桃产业发展指数

项目类型	序号	指标	权重分值	2024年基准值	单位
产业发展指数	1.1	种植面积	10	210720	亩
	1.2	年产量	12	44258	吨
	1.3	种植业从业人数	8	2421	个人
	2.1	年加工总产值	12	163749	万元
	2.2	年销售额	12	254736	万元
	2.3	加工销售就业人数	8	9213	个人
	3.1	年上缴税收	5	5695	万元
	3.2	年利润	8	7710	万元
	3.3	年资产收益率	6	8.51	%
	4.1	年新增资产投入	5	18718	万元
	4.2	年研发经费投入	8	4684	万元
	4.3	年申请专利	6	38	件
		小计	100		

四、南疆核桃产业创新指数

南疆核桃产业创新指数以2024年为基准年,指数值为100。见表6-3。

表6-3 南疆核桃产业创新指数

项目类型	序号	指标	权重分值	2024年基准值	单位
产业创新指数	1.1	新增固定资产投资额(含技术改造)	18	26444	万元
	1.2	年新增研发投入经费	18	4684	万元
	1.3	年新增专利	16	38	件
	1.4	新增研发品种	16	43	个
	1.5	年新增生产量	16	27115	吨
	1.6	年新增培养人才数	16	476	个人
		小计	100		

第二节　行业发展引领

一、核桃种植业

南疆核桃产业发展对我国核桃种植业发展起到引领作用。南疆核桃在良种化方面走在全国前列,独特的地理条件促使果园式栽培模式大力发展,科研机构和企业不断研究推广核桃栽培新技术、新装备,有效推动了南疆核桃种植水平提升。南疆地区仅用全国5%的面积,生产了全国22%的核桃产量,足以彰显南疆核桃产业在核桃种植业发展中独树一帜的引领作用。

(一)核桃品种良种化

品种良种化对于生产高品质核桃,实现核桃商品化,打造核桃产品品牌至关重要。作为全国最先推行核桃品种良种化和良种化率最高的区域,南疆地区发挥资源和品种优势,大力推动良种化进程,良种率达到90%,形成以早实核桃为主，'温185'+'新新2'、'扎343'+'新丰'为代表的两套主栽配套品种。该良种发育成熟期早且具有很强的连续结实能力，丰产性强，可促进核桃种植园尽早获得收益。'温185'+'新新2'小冠丰产，被认为适合于园式集约化栽培，盛果期亩产可达到250~500千克；'扎343'+'新丰'树势较强，树冠较大，被认为适合于林农间作栽培，盛果期亩产可超过200千克。较高的良种化率为生产高品质的核桃提供了品种保障，南疆地区已发展成为我国重要的商品核桃生产基地。

以阿克苏地区为例，良种化率和单位面积产量均居全国第一，截至2024年底，阿克苏地区核桃面积270.95万亩，核桃产量72.03万吨，面积和产量均位居全疆首位。其中，阿克苏地区的温宿县核桃产业在良种率、单产、品质、市场占有率等方面优势明显。例如，温宿县推进高接优换技术，采取大树多头芽接方法，完成核桃大树改接万余株，改造后良种使用率高达95%。在狠抓示范体系建设、强化科技支撑等背景下，温宿县强推'温185'和'新新2'两个主要品种，市场占有率显著提高。

喀什地区同样注重核桃良种化水平，主要栽培品种有'温185''新丰''扎343''新新2'，2023年，上述各品种栽培面积分别占喀什地区核桃种植总面积的33.49%、25.41%、22.01%、10.88%。喀什地区成立了叶城核桃产业研究院，在良种苗木繁育、标准化生产管理、采收、加工、销售等环节，以叶城县为标准，统一使用"叶城核桃"区域公用品牌。良种化水平的提高，为加快构建区域"公共商标+企业商标+绿色有机食品"的品牌格局奠定了坚实基础。目前，喀什地区叶城县依托科研院所，已累计建成核桃提质增效示范园12万亩，实施品种嫁接改优，累计达150万株，良种覆盖率达95%。叶城县还建立了核桃种质资源圃，汇集保存核桃优异种质资源200余份，通过种质资源性状的长期定位观测，开展种质创新和新品种选育工作，为叶城核桃产业后续发展奠定了基础。

（二）核桃栽培模式

南疆核桃主产区种植区域主要在绿洲内部立地条件较好的农田内，种植集中连片，非常适合进行机械化作业。南疆核桃多以集约建园模式种植，具有土壤条件好、灌溉有保障、防护林完备、交通管理便利、适于机械化等诸多有利因素。如在阿克苏、和田等地,部分核桃种植园已采用拖拉机带动的震摇式设备将核桃快速震摇落地,再利用地面平整的优势,采用小型核桃捡拾设备捡拾收集,大大提高了核桃采收效率,降低了用工成本。针对南疆地区核桃种植密度过大,树冠逐渐郁闭影响产能的情况,各地积极采取措施对果园进行疏密改造,为我国核桃种植园改造进行了初步尝试,起到了一定的引领作用。如温宿县采用"疏密间伐、控高降冠、标准修剪"举措,完成核桃园改造,实现了产量、品质的双提高;乌什县通过间挖大树移栽、间伐等方式对核桃园进行疏密改造,已完成疏密改造4万余亩,实现了生产效率和效益的提升。另外,南疆地区核桃种植多采用与粮食作物、经济作物等间作栽培的模式,在栽培技术探索和应用方面开展了大量有益的尝试。

(三)科技推动种植水平提升

南疆地区注重科技在核桃品种化和种植管理方面的推广和应用。新疆维吾尔自治区林业科学院、新疆农业科学院、新疆农业大学、塔里木大学等一批科研院校积极开展品种选育、栽培技术领域的科研工作,为南疆地区在种植业领域发挥引领作用提供了科技支撑。如目前南疆地区主栽品种'温185''新新2''扎343'等均由新疆维吾尔自治区林业科学院选育,'温185'等品种被陆续引种到内地省份,一批品质良好的优系被认定,推动了我国核桃产业良种化进程。在栽培技术方面,塔里木大学研发核桃直播建园技术,使建园成本降低70%。新疆维吾尔自治区林业科学院研发并建立核桃大树移栽建园技术体系,核桃移植成活率可达到80%;针对核桃传统种植区域,研究核桃与农作物间作技术,利用不同生态位的核桃与农作物混合间作,构架核桃农林复合系统,研究不同间作模式的差异变化,提出成龄核桃树与高秆农作物的最适宜间作时间,推广林棉间作、林油(油菜)间作、林麦间作、林菜间作、疏密降高等核桃提质增效关键技术;农机农艺融合,研究推广核桃机械化综合技术体系,构建以行距5米×6米、6米×8米的机械化耕作模式,包括开沟施肥、有害生物综合防治、冷冻寒害机械化治理及一园多功能作业平台、圆盘式剪枝机、林果枝粉碎机、果树振动采收机等技术联合，实现核桃生产机械化。阿克苏林业技术推广服务中心开发了干旱区域盐漠土核桃困难立地栽植关键技术，实现了高效建园。新疆地区科研院所和高校开展的与核桃种植有关的基础科学研究，为南疆核桃产业在种植业领域发挥引领作用，提供了理论和技术支撑。

二、核桃加工业

南疆地区积极探索核桃加工新技术，开发核桃新产品。凭借高品质核桃原料优势，南疆地区核桃产品及其加工品在国内有较大影响力和较高的市场占有率。如阿克苏地区主栽品种为'温185''新新2'，其产品构成分别是70%用于核桃干果销售、20%用于核桃仁加工、2.5%用于鲜果销售、7.5%用于核桃炒货；喀什地区主栽品种有'扎343''新丰'等品种，其产品构成分别是60%用于核桃干果销售、35%用于核桃仁加工、1%用于鲜果销售、4%用于核桃炒货、核桃油、核桃乳等；和田地区主栽品种为'新丰''扎343'等品种，其产品构成分别是20%用于核桃干果销售、70%用于核桃仁加工、1%用于鲜果销售、9%用于核桃炒货、核桃油、核桃乳等加工食品销售。当地核桃企业注重科研投入，在技术、设备研发等方面不断创新，对我国核桃加工业发展起到引领作用。如浙疆果业有限公司基于智能化制造，集成高压射流、超声波、色选等技术，开展核桃仁去皮与去残、核桃破壳、低温杀青去涩烘烤工艺等综合性研究，在行业内提出以减缓核桃仁蛋白质衰变为核心的加工工艺及智能装备制造，为核桃食品加工制造提供了有益借鉴。新疆和田果业有限公司协同有关科研单位开展科技攻关，首次提出核桃加工专用品种筛选与品质评价技术体系，确定了仁用加工适宜性的关键特性指标，筛选出适宜仁用加工的'温185'等核桃品种，建立了仁用加工品质评价技术，为核桃精深加工产业发展提供了理论和技术支撑。

三、核桃市场销售

新疆是我国重要的商品核桃生产基地，高品质核桃销售出去才能为核桃从业者带来实实在在的收益。以和田地区为例，通过已建成的4个物流配送中心、8个运营中心、27个保鲜库、45个销售店、9个县级供销社、68个乡（镇）供销社、884个农村商务网点，从政策和项目资金上进行扶持，加快农产品收购、销售和"线上销售+线下销售"两张网建设，构建线上线下相结合的全渠道经营模式，建成现代化营销网络与物流模式，并深化与京东、淘宝等电商合作，形成有规模效应的电子商务销售平台。以新疆果业集团为代表的新疆企业立足新疆特色林果产业，致力于"两张网"工程建设，对核桃市场销售行业发展起到重要引领示范作用。"两张网"即一张疆内收购网，一张疆外销售网。"两张网"工程是覆盖新疆核桃种植、生产、加工、销售全过程的核桃流通体系，包含核桃营销的商流、物流、资金流、信息流的全部要素。一方面，新疆果业集团积极推进林果交易市场建设，织密果品收购网络；另一方面，充分利用援疆机制和"十城百店""大仓东移""疆果东送"等政策，促进疆内外企业交流合作，加大疆果外销力度。新疆果业集团等企业通过扶持鼓励一批林果电商企业，拓展线上销售平台，构建多元化营销渠道，依托国内重要展会平台，让新疆优质果品和林果企业、合作社"走出去"，拓展国内国际市场。

南疆核桃及其加工产品在国内有较高的市场占有率，在国际市场也同样占有一席之地。新疆独具区位优势，是"丝绸之路"的重要节点，随着中欧班列的开通和霍尔果斯口岸的运营，南疆核桃不断走出国门。2022年第四季度至2023年第三季度进出口情况显示：新疆核桃和核桃仁的出口量均排全国第一，分别为39372.83吨和21303.40吨，分别占全国总出口量的31.07%和46.08%，与2022年同期相比，核桃的占比略增，核桃仁的占比大幅提升了7%。新疆核桃的出口国排名前三的国家分别是：吉尔吉斯斯坦（25056.34吨）、哈萨克斯坦（4481.88吨）、巴基斯坦（4381.88吨），分别占新疆出口量的63.64%、11.38%和11.13%，三国核桃的进口量占新疆出口总量的86.15%，为新疆核桃主要出口目的地。同期，新疆核桃仁出口国排名前二的国家为吉尔吉斯斯坦（16997.12吨）和哈萨克斯坦（2212.45吨），分别占新疆出口量的79.79%和10.39%，两国的核桃仁进口量占新疆出口总量的90.17%，为新疆核桃仁主要出口目的地。从调研数据中也可以看出，在核桃仁的出口方面，山东排名第二，但出口量仅为新疆的一半左右。新疆的核桃和核桃仁出口国较为集中，同时也有新的国家出现在出口目录中，表明新疆核桃和核桃仁的出口空间还可以进一步扩展。

第三节　区域经济发展

一、阿克苏地区

核桃是阿克苏特色林果业重要的树种之一。近年来，阿克苏地区的阿克苏市、库车市、沙雅县、温宿县和新和县等地，核桃种植产业迅速发展，业已成为南疆核桃的主产区，核桃产业对当地经济发展起到重要的推动作用。2006年起，阿克苏核桃进入高速发展期，当年种植面积为78.05万亩，产量达0.57万吨；2016年以后，核桃种植面积一直保持在200万亩以上，产量超过30万吨；截至2024年底，阿克苏地区核桃种植面积为270.95万亩，占该地区林果总面积的60%，产量72.03万吨，产值83亿元，约占林果收入的35%。阿克苏核桃以'温185''新新2'等品种为主，面积、产量、产值均居全疆首位。阿克苏地区从事林果生产的企业、合作社有205家，各类果品加工能力112万吨。从事核桃及相关制品加工、销售的企业、合作社有93家，其中从事加工的农民专业合作社56家；核桃产品主要销往北京、上海、广东、浙江、陕西、四川、重庆等省（区、市）及出口俄罗斯、土耳其、阿联酋、吉尔吉斯斯坦、哈萨克斯坦等国家。

一批代表性的核桃加工企业为阿克苏当地经济发展作出了突出贡献，如阿克苏浙疆果业有限公司是一家致力于核桃标准化生产的农产品精深加工企业，也是阿克苏农产品精深加工、带动农民增收致富的领军企业。公司年加工核桃坚果能力达2万吨，主要产品有纸皮核桃、核桃仁、核桃油、核桃枣泥糕等四大系列80余个单品。该公司发挥核桃全产业链链主企业优势，在阿克苏市建成"国家级优质核桃基地"达2万亩，带动180余名农民就地就近就业，直接或间接带动3600多家农户增收。2023年8月，阿克苏地区引进北京强佑企业厚生科技集团，签订"光伏—储能—硬碳—核桃深加工—木醋液""产产融合""百亿投资"项目框架协议，计划总投资20亿元，建成后可年处理核桃干果20万吨、核桃壳20万吨，年产值约40亿元。该项目一期计划投资5亿元，建成后，年处理核桃干果5万吨，核桃壳5万吨，2024年6月进入试运营阶段。

二、和田地区

核桃是和田特色林果业重要的树种，和田地区的墨玉、和田、洛浦等县是新疆核桃的主产区之一，核桃产业成为当地经济发展的重要动力。截至2024年底，和田地区核桃种植面积为155.54万亩，约占该地区林果总面积的38%，产量达24.1万吨，产值占和田地区林果收入的近30%。和田核桃以'扎343'和'新丰'两个品种为当地的主栽品种。根据实地调研，和田地区平均亩产199.13千克，从事林果生产的企业、合作社有216家，其中企业58家、合作社158家；核桃初加工企业（合作社）59家，产品有核桃仁、核桃玛仁糖、核桃休闲食品等；深加工企业3家，产品有核桃乳、核桃油。和田地区建成3座核桃期货交割库，大力发展核桃期货交易。建立县、乡、村三级收购网络，实施托市收购，实现疆内收购、疆外销售。发挥跨境电商试验区优势，瞄准共建"一带一路"国家，全力开拓土耳其、吉尔吉斯斯坦等国际市场。2024年，和田地区的墨玉县核桃种植总面积40.66万亩，总产7.67万吨，亩均产量188.64千克，核桃产业年人均纯收入1500元左右。2024年，和田县核桃种植面积25.80万亩，占和田地区核桃种植总面积的16.6%，目前全县正常生产、运营的特色林果农民专业合作社、企业有120家，带动就业4500人左右。

三、喀什地区

截至2024年底，喀什地区核桃种植面积为202.47万亩，约占该地区林果总面积593.3万亩的37.5%，产量43.3万吨，平均亩产213.86千克，产值46.8亿元，占林果收入204.3亿元的22.4%。核桃主要分布于叶尔羌河流域的叶城县、泽普县、莎车县、麦盖提县、巴楚县、疏附县、疏勒县等区域，全区核桃良种率可达85%。其中，叶城县建有核桃丰产示范园168个，科技示范园52个，核桃的种植、管理、采收机械化率在80%以上。

喀什地区从事核桃加工的企业、合作社有67家，其中初加工企业49家、精深加工企业13家、配套企业5家。年加工量达3.03万吨，实现加工产值7.11亿元。在叶城县形成了"县有龙头、乡有基地、村有合作社"的产业体系，构建起"一产接'二'连'三'"的核桃全产业链发展格局。通过"线上销售+线下销售"两张网，依托直销网点、电商平台和乡村电商服务网点，叶城县的各类核桃产品不仅畅销全国，还出口到了俄罗斯、哈萨克斯坦、巴基斯坦等国家。核桃产业已成为叶城县覆盖面积最大、产业带动性最强、群众受益面积最广的支柱产业、富民产业。当地核桃加工企业为喀什地区经济发展也作出了突出贡献，如喀什光华现代农业有限公司作为一家主要经营核桃、核桃油、核桃蛋白粉、核桃酱等核桃精深加工产品的公司，年消化喀什地区核桃约5000吨，公司核桃原料均采购于喀什地区叶城县、泽普县以及周边地区，产值1.5亿元，带动上下游合作社20个以上，解决季节性和临时性就业5000余人次。新疆美嘉食品饮料有限公司研发生产核桃乳、核桃油等20多种产品，年收购核桃4万吨以上，带动1.5万余名种植户增收。

第四节　农民就业增收

一、阿克苏核桃产业发展对农民就业增收的多维驱动

核桃种植作为阿克苏地区的传统优势产业，近年来，在政策扶持和市场需求的推动下，产业规模不断扩大，产业链也在逐渐完善。同时，伴随核桃产业的快速发展，也为阿克苏地区的农民提供了丰富的就业机会，带动了农民收入的稳步增长，2023年农村居民人均可支配收入19083元（数据来源《阿克苏地区2023年国民经济和社会发展统计公报》），其中核桃产区农民收入的40%来源于核桃生产。核桃种植业为阿克苏地区农民提供了稳定的就业岗位。随着核

桃种植面积的不断扩大,农民可以通过参与核桃种植、修剪、施肥、采收等工作获得收入。尤其是在核桃丰收季节,大量农民投身核桃采收工作,形成了一道独特的风景线。核桃种植业的发展,使得农民在农闲时节也有了一份稳定的收入来源。

核桃加工业的发展带动了农民就业。核桃加工产业链条长,涉及的环节较多,如核桃仁加工、核桃油生产、核桃壳利用等。这些环节都需要大量的人力投入,为当地农民提供了丰富的就业机会。核桃加工企业的发展,不仅促进了农民就业,还为农民提供了学习技能、提高自身素质的平台。

核桃销售市场的繁荣为农民创造了更多的就业机会。随着南疆核桃知名度的不断提高,市场需求逐年扩大。阿克苏地区充分利用地理优势和政策扶持,积极发展核桃销售产业。农民可以通过核桃销售、核桃物流等渠道获得收入,这些渠道进一步拓宽了就业路径。

核桃产业还促进了乡村旅游业的发展。通过积极推动核桃产业与乡村旅游的融合发展,农民就业渠道进一步拓宽。依托丰富的核桃资源和美丽的乡村风光,当地政府打造了一系列以核桃为主题的旅游项目,吸引了大量游客前来参观、体验。乡村旅游不仅为游客提供了亲近自然、感受乡村文化的机会,也为当地农民提供了多元化的就业机会。农民可以从事农家乐、民宿、导游等旅游相关行业,增加收入来源。同时,通过参与旅游项目的开发和管理,农民的综合素质也得到了提高,为未来的可持续发展奠定了基础。

二、和田核桃产业振兴与农民增收的实践路径

和田核桃产业践行自治区林果产业发展"十四五"规划的相关要求,充分发挥资源和区位优势,把核桃产业打造成为和田具有较强地域影响力和竞争力的特色优势产业。以核桃提质增效作为产业发展的抓手,为农民增收就业提供了良好环境。2023年农村居民人均可支配收入13489元,较上一年度增加8.5%(数据来源《和田地区2023年国民经济和社会发展统计公报》),其中核桃产业带来的收入约4000元,占农村居民人均可支配收入的29.7%。

以和田县巴格其镇核桃交易市场为例，新疆核桃（和田）交易市场已构建了"疆内一张网、疆外一张网"的销售体系，在全国有5000多个网店、商超、专区专柜和援疆省市专柜销售网点，带动巴格其镇67家农民合作社及周边工厂提高了产品的附加值，实现了价格稳定、就地转化、即时兑现的良好交易局面，辐射带动1万余人就地就近就业。

通过发展"核桃+旅游"，推动产业融合，充分挖掘和田县巴格其镇"核桃王公园"、皮山县桑株镇"桑株古核桃园"历史文化，将核桃古树文化与民俗特色、历史底蕴相融合，将产业培育与休闲农业旅游等有机结合，形成产业联动、协调发展的格局。依托和田旅游资源，借助新疆旅游推介平台，举办核桃文化节等节庆活动，吸引了大量游客，同时也为当地群众创造了餐饮、住宿、文创产品等多种就业机会。

2024年，和田地区各县（市、区）成立84个社会化林果专业技术合作社，通过"专业合作社+农户"的模式，把发展核桃产业作为实施乡村振兴战略、实现农民共同富裕的主要支柱产业来抓，推动产业结构调整，延长产业链，提高产品附加值，进一步促进农民就业增收，助力乡村振兴。

三、喀什核桃产业带动农民增收的全链条实践

核桃是喀什地区林果产业发展中最具有竞争力的树种，是核桃产区农民实现增产增收的重要途径。核桃产业发展为喀什地区农民提供了丰富的就业机会，带动了农民收入的稳步增长，2023年农村居民人均可支配收入13222元，较上一年度增加8.5%（数据来源《喀什地区2023年国民经济和社会发展统计公报》），其中核桃产业带来的收入约5000元，占农村居民人均可支配收入的37.8%。

（一）喀什地区通过强化农业政策支持，促进农民增产增收

如制定核桃产业发展政策，加强农业基础设施建设，不断加大农田水利建设力度，提高果园节水灌溉标准；提升农机公共服务能力，加快农业科技创新等。有效实施各项政策措施，促进了各级财政补贴的落实，降低了农民栽植

核桃的生产成本，让农民共享国家经济发展的成果。

（二）通过加强农业信息化建设，促进农产品流通

高度关注核桃产品市场监测预警工作，通过数据采集、分析、会商、发布等形式，实现对核桃产品生产需求、价格、进出口贸易等信息的动态监测预警；适时发布信息，引导核桃产品生产经营者的生产和经营，及时采取措施规避市场风险，搞活农特产品流通；深入实施"万村千乡市场工程""双百工程"和"新网工程"；发展直营连锁农家店，引导农家店"一网多用"；增强农产品市场调控能力，适时采取临时收储等措施，防止核桃产品价格大起大落。

（三）通过适度规模化经营，持续推进提质增效工程

依托企业、合作社加强专业技术人员的培养，组建专业化林果技术服务队，加强核桃栽植、修剪技术推广，改善郁闭果园。对管理落后的果园进行土地流转，由种植大户或合作社统一管理，适度规模化经营，从而提高种植基地生产管理水平，达到提质增效的目标。提升田间管理水平，分阶段对核桃常见病虫害进行防治，加强对病虫害的管控；强化水肥管理，探索节水技术措施，保证核桃灌溉阶段水量充足，提高水肥管理科学化水平，逐步实现水肥一体化管理。现有果园多数为粮农间作型果园，按照宜农则农、宜林则林的方式进行栽培，提高单位面积产出。

（四）通过开展技能培训，提高农民创业能力

从解决农民切身利益问题，满足农民实际需要出发，由农业主管部门统一领导农民培训工作，统一安排项目和资金、考核和验收，避免政出多门。充分发挥农民专业合作社组织农民、服务农民、连接市场的作用，以合作社为依托，开展专业技术培训，提供良种，协助销售产品，提高农民培训效果，促进农民共同致富。培训时间要因时因季，使广大农民能及时解决问题，降低生产性技术风险。

第五节 促进科技进步

南疆核桃产业发展离不开科技进步，同时也为科技发展提出了新课题、新要求。分布在新疆地区的高校、科研院所和企业的科技团队力量，也由此得到了加强。针对制约产业发展的瓶颈问题，确立了一系列科研项目，一批新技术、新品种、新方法等科技成果也应运而生。

一、引领科技团队建设

南疆核桃产业发展需求带动了科研力量的投入和加强，除新疆维吾尔自治区林业科学院、新疆农业科学院、新疆农业大学、塔里木大学、石河子大学等传统科研机构和高校的团队建设得到加强以外，一些企业创新科技团队、科技创新平台也应运而生。

（一）新疆大学叶城核桃产业研究院

在新疆大学的主导和推动下，2019年，新疆大学联合叶城县人民政府建立了"新疆大学叶城核桃产业研究院"。该研究院主要组织开展叶城核桃产业技术研究和集成攻关，坚持需求引导、多元共建、统分结合、体系开放，成为叶城核桃产业技术研发转化的先导中心、人才培育重要基地。该研究院在推动核桃产业健康发展、稳固脱贫攻坚成果中发挥着重要作用，对叶城及区域经济社会发展、绿洲生态环境保护、促进社会稳定和长治久安都具有特殊的重要性。

（二）阿克苏浙疆果业有限公司核桃产业研究院

阿克苏浙疆果业有限公司与中国农业科学院、新疆农业科学院、新疆维吾尔自治区林业科学院、江南大学、新疆大学、北京林业大学、石河子大学、塔里木大学、浙江大学、浙江农林大学等科研院校开展了深度产学研合作，在2021年成立了核桃产业研究院，是自治区级企业技术中心。研究院占地面积800平方米，现有专职研发、检测技术专业人才25人，柔性引进人才15人；拥有气相色谱仪、气相色谱质谱联用仪、液相色谱质谱联用仪、高效液相色谱仪等精密仪器170余台。研究院主要职责：一是对核桃开展精深加工研究、新产品开发；二是开展质量安全指标及营养成分检测等工作。依托研究院平台条件，2021年，该公司主持了自治区科技支疆重大项目"核桃仁深加工、贮藏与流通全产业链科技创新与示范"；2022年，主持了国家省部联动重点科技专项"新疆核桃等特色油料作物产业关键加工技术研发与应用"课题："核桃油脂品质代谢机理与检测和调控技术研发与应用"；2022年，主持了自治区重大科技专项"新疆核桃油与核桃粕精深加工关键技术研究"项目。目前，研究院现有发明专利5项、实用新型专利5项，先后参与起草国家标准"核桃坚果质量等级"（GB/T 20398—2021）及行业标准"熟制与生干核桃和仁"。

（三）兵团南疆特色林果技术创新中心

2023年12月，兵团党委结合新疆特色林果产业发展现状，由塔里木大学牵头，联合国内高校、科研院所及龙头企业成立"兵团南疆特色林果技术创新中心"（以下简称"中心"），充分发挥科技型企业创新主体作用，推动南疆特色林果先进技术创新及成果产出，重点围绕育种技术创新与良种选育、轻简优质栽培模式创新、果园智能化平台与装备、采后品质保持及高值化加工技术开展研发与成果转化应用。

中心设立"一院四所五基地"架构，主要开展科技成果研发、示范推广，以现代林果业发展模式辐射带动南疆林果业发展。中心强化企业与国内一流高校、科研院所的合作，提高企业技术开发能力和科技成果转移转化成效，推动产学研深度融合，加快成果和技术落地应用和产业化。中心建设引领林果业现代化产业模式高质量发展，在综合提升现代林果产业技术创新实力和国际竞争力方面具有重要意义。

（四）南疆区域"科技小院"建设

"科技小院"是一种集人才培养、科技创新、社会服务于一体的研究生培养新模式。2021年，在喀什地区疏附县委、县政府和县科技局、科协的帮助下，喀什疆果果农业科技有限公司争取到了中国科协的核桃"科技小院"项目，采取"院企合作"方式,对疏附县站敏乡核桃产业进行跟踪服务,提供技术支持。"核桃'科技小院'"项目实施后,"院企合作"在疏附县农业发展中发挥了重要的推动作用。2022年,塔里木大学与温宿县科协合作建立"温宿核桃科技小院",形成"三四五五"人才培养及技术研发推广模式,2024年获批核桃科技小院集群。"科技小院"通过在核桃种植方面的技术攻关,促进核桃产量和品质的双提升,并有效培养了研究生人才。依托产业科技小院,人才留南疆率显著提升。

二、促进科研立项和科技创新

（一）国家级科研项目的立项

国家林业和草原局组织编制了《林草产业发展规划（2021—2025年）》《全国经济林发展规划（2021—2030年）》,对核桃全产业链发展进行整体布局,进一步加大和优化核桃科研、育种、生产、加工、品牌等全产业链的政策支持力度。南疆核桃作为区域特色产业,尤为受到关注,2023年,由新疆农业科学院张平研究员主持的国家重点研发计划"新疆核桃等特色油料作物产业关键技术研发与应用"得到立项支持。

（二）省部级科研项目的立项

针对新疆核桃产业存在的加工技术设备落后、产品品质功能差、产业综合效益低等难题,一批旨在解决产业中的技术瓶颈问题的省部级科研项目得到立项支持,列举部分省部级科研项目如下。

1. 2022年9月,自治区科技厅发布指南并设立了2022年度自治区重点研发任务专项,其中"新疆核桃精深加工产品关键技术研究与应用"项目由自治区供销合作社所属新疆果业集团有限公司旗下和田惠农电子商务有限公司牵头主持。

2. 2022年新疆生产建设兵团立项南疆重点产业创新发展支撑计划"优异核桃种质资源评价及创制",由塔里木大学主持。

3. 2023年8月,由中国林业科学研究院林业研究所裴东研究员主持的新疆

"揭榜挂帅"科技项目"新疆核桃焦叶症发生机制及综合防控技术研究"得到立项支持。

4. 2024年立项新疆维吾尔自治区重点研发计划"新疆核桃种质创新及生产关键设备研发与应用",由新疆维吾尔自治区林业科学院主持。

5. 2018年以来,林果业提质增效项目广泛开展,年均开展2000人次专家服务基层活动,核桃主导产业质量得到有效提升。

三、推动科技成果产出

南疆核桃产业推动了科技团队建设和科研的深入,一批基于南疆核桃产业的原创性科研成果相继产生,这些成果主要分为以论文为代表的基础研究成果和以专利、新品种权授权为代表的应用研究成果。

(一)南疆核桃产业相关文章

研究者针对南疆核桃产业存在的问题展开广泛研究,涉及品种选育、不同品种的生物学特性、加工产品制备工艺、机械设备研发等领域,这些研究者来自疆内各高校和科研院所,有的是多个单位合作完成,有的是一个单位独立完成,有在科研项目支撑下完成的论文,也有自主选题的论文。科研论文是科研项目成果的载体,阶段性地反映了科研进展和结果,对生产实践具有指导意义。2024年,与南疆核桃产业有关的论文超过100篇,具体见附录《2024年南疆核桃领域相关中文论文》《2024年南疆核桃领域相关英文论文》。

(二)专利成果

产业需求激发了研究者的创造性和积极性。2024年,36项与南疆核桃产业相关的专利、实用新型专利、外观设计专利被授权。

(三)新品种

近3年,还有一批核桃新品种得到授权,它们分别是由新疆维吾尔自治区林业科学院选育的'新雄''新和1号''墨宝''新辉''新盛'。审定黑核桃砧木良种2个。

第六节　总体评价

近年来，新疆通过实施林果业提质增效工程，推动南疆地区核桃产业在基地建设、科技支撑、加工转化、品牌培育和市场拓展等方面实现全面提升，南疆核桃产业已成为我国核桃产业发展的重要示范基地。南疆核桃产业的蓬勃发展不仅引领了国内核桃种植、加工及销售行业的升级，更对促进区域经济增长、提高农民收入、推动科技进步、优化产业结构以及改善生态环境等方面发挥了重要作用。

一、产业规模与综合优势显著

南疆核桃产业已形成集生产、供应、销售于一体的完整产业链，在规模、技术和市场方面具备显著优势。作为乡土树种，核桃具有抗寒抗旱、适应性强、寿命长等特点，不仅是重要的经济作物，也是环塔里木盆地生态建设的重要树种，在防风固沙、保护农田和促进果粮间作等方面具有独特价值。同时，核桃产业的崛起也带动了加工、物流、包装等相关产业的协同发展，为区域产业结构优化升级奠定了坚实基础。

二、政策支持保障效益可持续性

中央及自治区各级政府高度重视特色林果业发展，将其作为农业经济增长的新引擎，并出台了一系列扶持政策。例如，《新疆维吾尔自治区林业贷款中央财政贴息资金管理实施细则》《关于加快特色林果发展的意见》等文件为产业发展提供了政策保障，自治区林草局与科技厅还设立了专项财政资金支持林果业科技创新。各地州也结合实际情况，制定了促进核桃产业发展的配套措施，形成了多层次、全方位的政策支持体系，为产业可持续发展营造了良好环境。

三、科技创新驱动产业提质增效

新疆核桃科研工作始于20世纪60年代,经过数十年探索,已在良种繁育、嫁接改优、丰产栽培等领域形成成熟技术体系。南疆地区结合本地生态条件,推广集约化种植和果粮间作模式,实现了核桃栽培的园艺化与标准化,显著提升了单产和品质,为品牌建设奠定了坚实基础。在加工领域,产学研合作推动了核桃乳、核桃油等深加工产品的研发,市场反响良好。未来,随着加工工艺的持续创新和产能效率的提升,科技将进一步支撑产业效益增长。

四、市场需求拓展产业发展空间

南疆核桃产业在巩固脱贫攻坚成果、推进农业农村现代化方面成效显著。通过政策引导和品牌建设,产业积极开拓国内外市场:一方面,依托电商、直播带货等新业态和援疆政策支持,在一、二线城市建立分销网络,提升流通效率;另一方面,借助中欧班列和霍尔果斯口岸,核桃产品远销海外。2024年,新疆已成为全国核桃出口量最大的省级行政区。国内外市场的双重需求为产业高质量发展提供了持久动力,确保效益长期稳定增长。

综上,南疆核桃产业在政策、科技和市场三方面协同发力下,展现出强劲的经济、社会和生态效益,为区域乡村振兴和产业升级提供了重要支撑。进一步强化科技赋能、延伸产业链条、深化市场开拓,将推动产业向更高水平发展。此外,本蓝皮书以2024年为基期,测算产业发展指数和创新指数,将为后续系统评价产业发展带来的经济社会效益筑牢基础。

第七章

南疆核桃产业发展存在的
问题与对策

近年来，南疆核桃产业规模持续扩大，已成为促进农业增效、农民增收和农村经济发展的支柱产业，在推动乡村振兴和区域经济发展中发挥着举足轻重的作用。然而，通过深入调研发现，当前南疆核桃产业在种植、加工、流通、销售等全产业链各环节仍存在诸多亟待解决的问题，包括种植标准化程度不高、精深加工能力不足、品牌建设滞后、市场拓展受限等，这些问题严重制约了产业效益的进一步释放和提升。基于此，本章通过系统梳理南疆核桃产业链各环节存在的主要问题，深入分析其成因及影响，并从政策支持、科技创新、品牌建设、市场开拓等多个维度提出具有针对性的对策建议，旨在为推动南疆核桃产业实现高质量、可持续发展提供理论参考和实践指导，同时为政府部门制定产业扶持政策、加快产业转型升级步伐、保持产业稳中向好发展态势提供决策依据。

第一节　南疆核桃产业存在的主要问题

一、品种与种植存在的问题

（一）品种性状退化导致坚果品质参差不齐

新疆南疆地区核桃种植历史悠久，光热资源丰富，是我国重要的商品核桃生产区域之一。经过多年发展，南疆地区形成了以'新新2''温185''扎343''新丰'等地方早实核桃品种为主的主产区布局，这些品种的特点是早实丰产、壳薄且光滑平整，外观整齐。然而在长期的种植过程中，部分地区的现有主栽品种性状和品质出现下滑，砧木实生播种、品种嫁接繁殖也造成同一品种发生变异。另外，由于坚果售价偏低，致使管理水平下降，品种出现早衰，坚果质量参差不齐。同时，由于市场对核桃品质要求越来越高，一些品种表现出缝合线不紧密造成种仁霉变率高、种皮颜色加深、涩味加重、饱满度不够等问题,影响了新疆核桃的整体品质和商品价值。

(二)部分地区品种混杂、混栽现象依然存在

尽管南疆核桃良种化工作已推进多年,但品种混杂问题依然突出,尤其是在和田、喀什地区的核桃园,还存在一定比例的实生树、混杂品种。许多核桃园多个品种混栽,管理上难以实现标准化,且不同时期成熟造成采收不便,而种植户往往一批采收,不经分选就通货销售,造成坚果质量参差不齐,影响种植户的经济收益。

(三)面对分散经营向现代产业需求转型,机械化与标准化程度有待提升

从土地条件来看,南疆核桃适宜规模化、机械化、标准化生产,但目前依然以农户小规模分散种植以及果粮间作的传统粗放种植模式为主,栽培环节主要通过人工作业,组织化程度低,种植户之间缺乏统一的管理和协调。部分地区核桃产业基地建设滞后,机械化修剪、精准水肥一体化、病虫害智慧防控等现代标准化种植技术普及率低,生产效率低、生产成本高,产量和品质无法得到有效保障。当前,新疆核桃产业已进入生产方式转变的关键期,劳动力成本也逐年增加,以机械化、标准化技术支撑产业提质增效的需求越来越迫切,只有加速产业提质增效才能促进核桃产业向高质量发展方向迈进。

(四)科技支撑力度不足,栽培管理有待进一步精细化

南疆核桃种植中科技支撑作用仍有待进一步加强,现有新品种、规范化种植技术标准等没有得到有效推广应用,种植户栽培管理技术水平有待提高,应对自然灾害及核桃焦叶症、苹果蠹蛾等病虫危害能力不足,不能充分满足现代产业高质量发展的需求。同时,南疆地区科技人才较缺乏,种植户文化程度普遍较低,对新技术的接受和应用能力有限,这使得种植技术措施在实际生产中的有效执行受阻。另外,按南疆核桃正常生长发育的需要,年亩投入需1500元以上,而一般果农的实际投入严重不足,存在重栽培轻管理、重粮轻果的现象。随着近几年南疆核桃生产效益不佳,部分地区的农户种植积极性下降,栽培投入持续减少,许多果园尤其是果粮间作园甚至对核桃不进行专门的生产

资料投入，任其生长。核桃园存在管理粗放的情况，导致整形修剪不到位、树体徒长紊乱、核桃园种植密度高、通风透光性差、水肥管理随意性强、利用效率低等问题，严重影响核桃产量和品质。

二、加工与利用存在的问题

（一）初加工环节存在技术粗放、设备不足及品质管控难题

南疆核桃的初加工过程，尤其是种植户在采收、去皮、清洗、晾晒、分选、贮藏等环节技术操作比较粗放，标准化程度低、连贯性差、对品质把控不够严格，加工过程中的损失率和能耗较高，食品安全、卫生、质量等问题难以得到有效保障。去皮、清洗、干燥等设备投资大、能耗高，简易设备在青皮脱净率方面表现不佳，无法满足原料初加工的商品化需求。传统的自然晾晒方式容易使核壳炸裂、种仁颜色变深，影响核桃的品质和销售等级。

（二）加工产业链短、附加值低，深加工与综合利用不足

南疆大部分企业或合作社的核桃加工均以原料初级加工为主，销售带壳核桃和核桃仁，加工产品也主要集中在简单的初级产品，如核桃油、核桃粉等，深加工产品种类有限，对核桃蛋白、多酚等具有保健功能的成分开发不足，缺乏高附加值的产品。加工产能不足，加工产品占核桃总产量比重低，市场收购价格又持续走低，造成种植户收益逐步下降，阻碍核桃产业集群产业链进一步向下延伸。同时，南疆核桃加工产业也缺乏核桃综合利用方面的产品和技术开发，加工链价值链短，核桃青皮、壳、隔膜等加工废弃物无法实现再利用来产生价值，导致核桃加工生产利润空间收窄，产业竞争力低。

三、销售和贸易存在的问题

（一）市场供求矛盾突出

南疆地区作为我国重要的商品核桃产区，其产业发展受国内、国际市场供求关系影响较大。随着核桃种植面积的扩大，产量呈现出稳步增长的态势。然而，国内外市场对核桃的需求变化较小，供过于求的矛盾日益显现。另外，消费

者越来越关注食品的安全和健康问题,对有机、绿色认证的核桃坚果表现出更高的购买意愿,对产品的种类也提出了更高的要求,如休闲食品、高端礼品等多元化需求日益增加。然而,南疆核桃高品质、有机和深加工产品供给不足,难以满足消费升级需求。

(二)品种混杂导致分级销售推行不利

虽然南疆核桃主产区已经连续多年开展了优良品种改良示范和推广工作,但栽培品种混杂的现象依然存在。种植户市场销售也多以统货为主,未对核桃进行分拣、分级等处理,使得流通在市场上的核桃品类混杂,坚果品相不一、卖相不佳,严重影响销售口碑形象和品牌建设。

(三)传统渠道依赖与电商销售薄弱

南疆核桃的销售很大程度上依赖传统的批发和零售渠道,缺乏多元化的销售渠道。种植户将核桃卖给批发商,再由批发商销往各地市场。在这种模式下,种植户对批发商的依赖度较高,往往处于价格谈判的弱势地位,容易导致收购价格被压低,影响种植户的收益,而且过度依赖传统渠道,使得南疆核桃产业在面对市场波动时,缺乏灵活的应变能力。一旦遇到如批发市场需求下降或物流运输等销售渠道受阻等情况,核桃的销售将受到严重影响。电商直播为核桃销售带来了新的机遇,相较于传统渠道,电商渠道在南疆核桃销售中的应用起步较晚,发展相对滞后。尽管近年来电商销售有所增长,但总体占比仍然较低。南疆核桃种植户、合作社以及企业也缺乏电商运营经验和专业人才,无法充分发挥电商的优势来扩大销售规模和提升销售效率。

(四)宣传投入不足,产品存在同质化

南疆核桃具有壳薄、易取种仁、出油率高等优点,但在产品宣传方面的投入不足。企业及合作社对商业信息的掌握和应用不足,营销手段传统,缺乏创新。产业龙头企业较少,规模不大,带动力不强,多数企业和种植户还没有"利益共享、风险共担"的意识与机制,各自只为自身利益而进行相互竞争,不能在经济市场中取得应有的总体效益。另外,南疆核桃产品缺乏创新和差异化,多以原果销售,产品同质化严重、附加值低,深加工产品种类有限,无法体现优质

优价，难以满足高端市场需求。且由于南疆乃至全国核桃挂果面积的增加和种植技术进步，产量的不断提高也导致了核桃价格持续下跌。

（五）品牌建设滞后，品牌管理欠缺

南疆核桃企业的品牌建设意识相对较薄弱，未形成重视长期市场和品牌打造的统一认知，不同品牌存在相互模仿现象，各地品牌、产品同质化严重，品牌宣传推广不足，对品牌的长期规划和管理欠缺，少有品牌能凸显出其产品特色，缺乏在全国市场上知名度较高的名牌。即使有品牌，也缺少统一的品牌标准，产品质量差异大，难以保证品牌的稳定性和可信度，影响品牌的市场竞争力。

（六）出口多元化布局亟待加强

南疆核桃的对外出口市场过于集中，主要依赖于中亚、俄罗斯等周边少数国家和地区，对新兴市场的开拓力度不足。这种市场结构使得南疆核桃的出口贸易容易受到主要出口市场政治、经济等因素波动的影响，一旦主要市场出现不稳定情况，南疆核桃的出口将受到较大冲击。

第二节　南疆核桃产业发展对策与建议

一、品种与种植发展对策

（一）引进和培育新品种

1. 引进优良品种

从国内外引进加工型、鲜食型等专用核桃品种，丰富南疆核桃的品种多样性，以满足不同市场需求。例如，引进适合加工核桃油、核桃蛋白等功能性食品的品种，以及涩味淡、口感好适合作为休闲食品的鲜食品种。

2. 加强品种选育

充分利用南疆丰富的核桃种质资源，综合运用分子辅助育种与常规育种（选种、杂交育种等）技术，开展新品种（砧木）选育工作，培育出更多适应市场需求,具有适应性强、丰产、核壳薄缝合线紧密、种仁色浅、风味香甜、出油率高等优良特性的核桃专用品种,选育抗性更强的砧木,促进南疆核桃产业可持续发展,实现产量与质量的提升。

(二)提高良种化率

继续对品种混杂核桃园进行嫁接改优,在主产区筛选最适主栽良种1~2个,实现多园一品,果园的品种一致性达到90%以上并促进核桃园的标准化管理,以提高产量和品质。

(三)推进机械化、标准化种植模式

科研机构、龙头企业要加强核桃机械化设备和技术的研发与应用,探索适合南疆核桃产业机械化、标准化发展的种植模式,在保证质量和产量的情况下,逐步推广宜机模式的栽培管理。同时进一步制定核桃机械与农艺融合修剪、精准水肥一体化、病虫害智慧防控、机械采收等栽培技术标准,规范种植过程中的各个环节,组织种植户进行技术培训,提升种植户的技术素质和管理水平。在机械化使用方面,加大机械设备购置的财政补贴力度,开展设备租赁服务,培养专门的机械化服务队伍,提高设备使用率,提升核桃生产的全程机械化水平。在政策支持方面,结合国家土地流转的方针政策,进一步推动核桃由家庭分散种植模式向企业、合作社等规模化种植模式转变,建立标准化种植园,实现统一管理和协调,为核桃的机械化、标准化生产提供基础条件。

(四)加强科技对核桃种植的支撑,提升种植管理技术水平

1.加强科技服务体系建设

建立健全的核桃种植科技推广网络,从地州到县市再到乡镇,配备专业技术人员,利用现代信息技术,如互联网、手机App等,开展在线培训、技术咨询等服务,扩大科技推广的覆盖面,建立并壮大种植户综合技术服务队,提升核桃生产技术服务水平。

2.制定并推广种植技术标准

制定核桃标准化栽培技术规程,规范种植过程中的各个环节,如苗木繁育、整形修剪、土肥水管理、病虫害防治、采收等关键技术。定期组织核桃种

植户开展技术培训,邀请专家进行现场指导和服务,提高核桃的产量和品质。同时建立示范园、示范户,通过示范引领,带动标准化栽培技术的推广应用,促进核桃产业提质增效。

3.增加种植投入

首先应积极拓展核桃产品的销售渠道,发展核桃加工产业,提高核桃的市场价值和经济效益,增强种植户信心。另外,针对当前南疆核桃产业发展现状,出台相关优惠政策,如农机购置补贴、技术培训补贴等,加大对核桃产业基础设施建设的投入,改善核桃园的种植条件,为标准化作业提供便利,提高生产效率。

二、加工与利用发展对策

（一）提升原料初加工水平

结合南疆核桃的坚果特性和实际需求,引进和研发核桃脱青皮、清洗、干燥、分选等先进设备以及工艺流程,提高原料初加工的自动化和智能化水平,减少加工过程中的损失率和能耗,形成产量与加工产能相匹配的产后初加工标准化技术流程,提升果品质量。同时,制定并推广核桃初加工技术规范和标准,定期组织种植户和加工企业人员进行技术培训,提高初加工技术水平,在操作过程中严格执行食品安全标准,确保加工过程中的品质控制。

（二）延伸加工产业链,增加产品附加值

1.引进和培育核桃精深加工企业

通过政策扶持和资金支持,积极引进和培育核桃精深加工龙头企业,提升核桃加工水平,推动产业升级,促进南疆核桃产业良性发展。

2.拓展产品种类,提升附加值

企业尤其是龙头企业要结合当地实际,不断拓展核桃精深加工产品,延长产业链,提升产品附加值。开发核桃即食食品、饮料、糕点等产品,研发核桃蛋白食品、核桃多酚提取物等高附加值产品,满足不同市场需求,提升市场竞争力。开发更多与核桃相关的高价值衍生产品,实现核桃青皮、壳、隔膜以及枝

条等废弃物的再利用,提升核桃产业综合效益,促进企业和种植户增收。

3.加强加工产品与技术研发

发挥科研机构、龙头企业在技术研发攻关方面的优势,积极攻克核桃加工环节的关键技术难题,开发科技含量高、附加值高、市场竞争力强的新产品,优化精深加工工艺流程,不断实现技术创新。如筛选加工专用品种、原料预处理自动化及核仁精制分级技术等,提高核桃加工品质和加工效率。加强企业与科研机构的产学研合作,加快科技成果的转化应用,推动南疆核桃加工产业技术升级。

三、销售和贸易发展对策

(一)优化种植技术与管理,提升核桃原料品质与市场价值

通过技术培训,提高种植户的技术水平,降低果实的空壳、瘪仁率,提升果实品质。进一步推进品种改良,从源头减少品种混杂现象。构建"企业/合作社+种植户"的模式,促进种植户根据核桃的品种、大小、品质等进行分级销售,提高产品的市场价值。

(二)构建多元化销售体系,拓宽核桃产业市场空间

市场营销体系的建设是促进核桃产业发展的重要环节,要积极开拓多元化、多渠道的销售网络。如加强与大型采购商的合作,建立稳定的供应关系;发展农产品展销会、直销店等线下销售新模式,减少中间环节,提高销售效率和利润空间。加大对电商渠道的投入和支持力度,提供电商技能培训,帮助种植户和企业提升电商运营能力。同时,完善电商基础设施,如物流配送、支付结算等,为电商销售提供更好的保障。促进核桃产业与旅游、文化等产业的融合发展,开发核桃采摘、核桃文化体验等旅游项目,拓宽核桃的销售渠道,提升产品的附加值和市场竞争力。

(三)强化科技支撑与品牌建设,增强产业核心竞争力

加大新品种、新设备和新技术的推广力度,提高种植的标准化水平,降低生产成本,构建从核桃基地生产到产品加工等配套完善的质量控制标准体系,

提升果实产量和品质。积极发展核桃深加工产业，延长产业链，开发高附加值产品，满足不同市场需求，增强市场竞争力。利用现代宣传营销手段，如电商平台、社交媒体等，开展直播带货、线上推广等活动，提高南疆核桃产品的知名度和影响力，最终提升市场竞争能力，增加核桃的经济效益。

（四）打造标准化品牌体系，提升南疆核桃市场影响力

1. 建立品质认证体系，培育区域公共品牌

根据南疆核桃的产品特点，制定统一的质量标准和生产规范，确保产品品质的一致性。建立质量追溯体系，确保生产环节的质量可控，提升产品的可信度。利用南疆地域特色及产品优势，整合资源，形成合力，培育区域和全国知名品牌，推动品牌建设和发展。

2. 创新品牌营销策略，扩大市场认知度

通过培训宣传等方式，使企业、合作社以及种植户等树立品牌意识。明确品牌定位和目标市场，制定长期的品牌规划。利用广告、社交媒体、电商平台等多种渠道进行品牌宣传推广，提高品牌的知名度。积极参加各类农产品展会和销售博览会，展示南疆核桃的优质产品，提升品牌影响力和市场竞争力，从而创造出更多的经济价值。

（五）拓展国际化市场布局，增强对外贸易韧性

优化核桃出口市场结构，在巩固现有中亚市场的基础上，积极加强与共建"一带一路"国家和地区的贸易合作，拓展新兴多元化的国际市场。加强国际贸易风险防范意识，积极应对贸易壁垒。密切关注国际市场动态和政策变化，及时调整出口策略。同时，加强与国际组织和贸易伙伴的沟通与合作，争取有利的贸易环境。

四、区域产业发展协作对策

南疆核桃产业高质量、可持续发展需跳出"行政区经济"思维，以产业链重构为核心，通过技术共享、市场共拓、风险共担，实现从"规模扩张"向"价值跃升"转型。应构建跨区域协作组织架构，组建产业协作联盟，完善政策保

障与利益联结机制，制定《区域协作章程》，明确分工，建立利益协调机制，掌握定价权；推动全产业链协同升级，划定优势品种种植带，控制栽培面积的增加，避免同质化竞争；制定区域核桃加工技术标准，实现加工产业分工互补，并建立加工技术共享平台，降低企业研发成本；还要强化品牌赋能，统一品牌授权、共享检测认证体系，形成2~3个具有影响力的区域品牌。

综上所述，核桃产业作为南疆地区特色优势产业和富民支柱产业，在优化区域农业产业结构、促进农民持续增收、推动乡村产业振兴等方面发挥着举足轻重的作用。当前，面对南疆核桃产业在品种改良与标准化种植、精深加工与综合利用、市场开拓与国际贸易等方面存在的制约因素，亟须采取系统性解决方案：通过推广现代种植技术提升原料品质，延伸产业链提高产品附加值，创新营销模式拓展市场空间。这些举措的实施将有效推动南疆核桃产业向标准化、品牌化、国际化方向发展，不仅能够提升产业整体效益和竞争力，更能为南疆地区经济社会可持续发展注入新动能，实现经济效益、社会效益和生态效益的协同提升，为乡村振兴战略的实施提供有力支撑。

附录

2024年南疆核桃产业发展大事记

一、相关政策

（一）国家层面对核桃产业的促进政策

1. 2024年中央一号文件

"绿水青山就是金山银山"重要论断提出已有20年。2024年中央一号文件提出，"树立大农业观、大食物观，多渠道拓展食物来源"。这是党中央立足农业农村发展新形势，顺应食物消费结构新变化，对贯彻落实稳产保供提出的新要求。粮食安全是"国之大者"，油料安全是重要一环。保障食用油安全关乎国家战略。《国务院办公厅关于践行大食物观构建多元化食物供给体系的意见》（国办发〔2024〕46号）中指出要全方位、多途径开发食物资源，拓展食物来源渠道，明确提出稳定核桃等种植面积，建设特色鲜明、集中连片、链条健全的优势产业带。

2. 全国经济林发展规划（2021—2030年）

国家林业和草原局配合科技部，持续支持木本油料科技创新，开展以核桃等木本油料树种为代表的木本油料优质高产新品种创制与精准栽培技术、轻简栽培和高效采收装备攻关，推动木本油料产业高质量发展。重点围绕核桃等木本粮油经济林树种，组织编制了《全国经济林发展规划（2021—2030年）》。

（二）自治区层面对核桃产业的促进政策

1. 2024年新疆维吾尔自治区党委一号文件

文件公布的《关于学习运用"千村示范、万村整治"工程经验有力有效推进乡村全面振兴的实施方案》（新党发〔2024〕1号）中明确提出，要做强优质果蔬，推动核桃等干果控面提质，延链补链增效益。以推广新品种和现代栽培技术为重点建设林果产业示范园。推动开展疏密改造、低产低效果园改造。

2. 加强林果产业顶层设计的相关政策

2024年，自治区党委、政府相继出台《2024年粮棉果畜农业特色产业高质量发展的财政金融支持政策》、《新疆维吾尔自治区关于加快内外贸一体化发展的若干措施的通知》和《中国（新疆）自由贸易试验区建设实施方案》，从资金、项目、标准、政策、营商环境、制度创新等各方面加强林果产业顶层设计，高位推动林果产业高质量发展。

3. 自治区深化集体林权制度改革实施方案

2024年9月18日，自治区党委办公厅、自治区人民政府办公厅印发《自治区深化集体林权制度改革实施方案》，强化政策资金扶持，推进林业产业提质增效。深入实施自治区绿色有机果蔬产业集群建设行动计划，用好自治区支持粮棉果畜产业集群建设财政金融支持政策，撬动引导金融、保险、担保机构及各类社会资本投入林业产业，做优做强核桃等特色树种，拓展产业增值增效空间。

二、领导关怀（省部级以上领导视察考察、批示与指示等）

2024年6月16日，中国核桃产业提升工程（新疆）皮山项目启动仪式在皮山县成功举办。十四届全国政协委员、原国务院扶贫办党组书记、主任、中国乡村发展志愿服务促进会会长刘永富，新疆维吾尔自治区人大常委会党组成员、副主任迪力夏提·柯德尔汗，中国长江三峡集团有限公司总经理、党组副书记韩君出席启动仪式。该项目的实施，将以新质生产力赋能新疆传统核桃产业转型升级，实现核桃全产业链开发，助力新疆特色优势产业发展，最终实现帮助农户增收、企业盈利、消费者受益的目标。自治区领导及有关部门高度重视项目实施，南疆相关地（州、市）、县积极推进落地，中国乡村发展志愿服务促进会、三峡集团公司、中航建设集团公司在推进过程中给予了大力支持。

中国核桃产业提升工程（新疆）皮山项目启动仪式

三、重要研究项目（省部级以上基金）

（一）新疆维吾尔自治区重点研发任务专项项目"新疆核桃种质创新及生产关键设备研发与应用"

实施期限为2024—2026年，自治区财政支持经费1000万元，牵头单位为新疆维吾尔自治区林业科学院。项目以新疆核桃产业发展面临的种质资源、灌溉与机艺融合等问题为突破点，开展项目实施设计，计划用三年时间完成新疆核桃种质资源类型本底调查，破解核桃优质高产稳产面临水资源利用率低下的问题，研发核桃修剪、采收及破壳装备等，提升核桃生产全程机械化水平。

（二）国家重点研发计划部省联动项目自治区联动项目"新疆核桃等特色油料作物产业关键技术研发与应用"

实施年限为2022—2025年，牵头单位为新疆农业科学院。项目围绕核桃油用专用良种及授粉组合技术、加工技术研发与产业示范、花生播种质量提升关键技术创新，以及核桃油氧化稳态化加工与品质调控等进行五个课题、二十个子课题的科研攻关。旨在通过提高特色油料作物科技创新能力和水平，促进新疆核桃和花生产业提质增效和高质量发展。

（三）新疆维吾尔自治区重大科技专项项目"新疆核桃油精深加工关键技术研究与应用"

实施期限为2023—2025年，自治区财政支持经费2000万元，牵头单位为喀什光华现代农业有限公司。项目针对核桃精深加工关键技术瓶颈，拟研发核桃调和油安全生产加工新技术,核桃油甘油二酯新产品加工技术、高品质核桃蛋白和植物乳、核桃酱等多元化核桃蛋白精深加工产品研发技术、核桃抗氧化肽和益智肽创制技术,并进行集成、熟化和示范,形成工业化产能。通过项目的实施,全力推动林果产业提质增效,打造产业发展"新"引擎,为乡村产业兴旺、农民富裕富足作出积极贡献。

（四）新疆维吾尔自治区重点研发计划"新疆核桃精深加工产品关键技术研究与应用"

实施期限为2022—2025年,自治区财政支持经费1000万元,牵头单位为和田惠农电子商务有限公司。项目重点突破核桃加工的三个核心难题,一是研发原料的预处理智能化一体化加工技术,解决目前核桃原料存在的不能连续化、自动化清洗与生产的问题,可显著提升带壳核桃和核桃仁的品质;二是构建核桃加工品质评价技术、筛选加工专用品种及核桃仁的精准分级技术,实现核桃仁品质特别是白仁率的提升;三是突破核桃油—蛋白联产与系列高附加值产品精深加工技术,延长核桃油的货架期,提高核桃蛋白的溶解性,为高品质高附加值核桃下游产品的开发奠定基础。

四、重要产业发展项目（省级或行业部门以上支持项目）

2024年,新疆维吾尔自治区重点研发任务专项(厅地联动项目)拟立项项目"核桃油及蛋白产品高质化加工技术研究与产业化",实施期限:2024—2027年,牵头单位:新疆美嘉食品饮料有限公司。

五、重要成果（省部级以上奖励,专著等）

（一）奖励

2024年,自治区人民政府公布了2023年度自治区科学技术奖获奖科技成果,由自治区林业和草原局提名推荐、新疆维吾尔自治区林业科学院牵头完成的"新疆核桃产业高质量发展关键技术创新与集成"获得自治区科技进步奖一等奖。

由新疆维吾尔自治区林业科学院、阿克苏浙江果业有限公司、新疆农业科学院园艺作物研究所等单位主持完成，成果完成人为虎海防、马凯、赵文革等。主要围绕核桃产业提质增效，筛选横膈膜退化'新叶1号'和鲜食'新和1号'2个林草植物新品种，验证了新疆核桃是中亚核桃起源中心的重要组成部分，阐明了核桃SPL基因成花机理，创建核桃气味指纹图谱，集成构建了核桃高压射流、超声波、色选等技术，首次提出以减缓核桃仁蛋白质衰变为核心的加工工艺及智能装备制造，创建了核桃智能化破壳、去皮、去残的成熟技术工艺体系。近三年来，在阿克苏地区、喀什地区、和田地区、新疆生产建设兵团农一师3团累计示范推广面积561.6万亩，亩增产10~30千克，总计新增产值17.99亿元。

（二）专著

由中国乡村发展志愿服务促进会组织编写的《中国核桃产业蓝皮书（2023）》和《中国南疆核桃产业蓝皮书（2023）》于2024年10月在北京发布。

（三）发表论文

2024年新疆各地从事核桃产业相关研究的高校院所，主要有：新疆维吾尔自治区林业科学院、新疆农业科学院、新疆农业大学、塔里木大学、石河子大学、新疆大学、中国科学院新疆生态地理研究所、新疆农垦科学研究院、新疆师范大学、新疆维吾尔自治区林业技术推广总站等。累计发表约83篇科学论文，其中，中国科学引文数据库（CSCD）来源期刊收录约24篇，科学引文索引数据库（SCI）来源期刊收录约27篇，涵盖了核桃资源筛选、栽培技术、生理生态、分子生物学、食品营养、贮藏保鲜、制备工艺、植保、农机、医药化工等研究领域。

1. 中文论文（见表8-1）

表8-1　2024年南疆核桃领域相关中文论文

序号	作者	题目	期刊	单位	发表时间
1	欧源、罗莎莎、王如月 等	盐胁迫对美国黑核桃幼苗生长和生理特性的影响	新疆农业科学	新疆农业大学林学与风景园林学院	2024.02
2	魏杨、陈国祥、阿地力·沙塔尔 等	5种农药对梨小食心虫的室内毒力测定及田间药效评价	新疆农业科学	新疆农业大学林学与风景园林学院	2024.03

续表

序号	作者	题目	期刊	单位	发表时间
3	王文窈、施万斌、芦屹 等	两种助剂在核桃腐烂病化学防控中的减药增效分析	新疆农业科学	新疆农业大学林学与风景园林学院	2024.03
4	渠述贺、朱占江、毛吾兰 等	核桃物料空气动力学特性研究与壳仁风选设备优化	中国油脂	新疆农业大学机电工程学院	2024.03
5	鲁梦婷、赵钰、韩立群 等	早实核桃种仁油脂积累过程中主要营养物质的变化	经济林研究	新疆农业大学园艺学院；新疆农业科学院园艺作物研究所	2024.03
6	马合木提·阿不来提、木合塔尔·扎热、米热古力·外力 等	核桃叶缘焦枯病与其养分含量的相关性回归分析	新疆农业科学	新疆维吾尔自治区林业科学院经济林研究所	2024.04
7	柳华清、王博、贾妍妍 等	新疆西天山峡谷不同坡位野核桃冻害特征	干旱区研究	伊犁师范大学生物科学与技术学院	2024.05
8	阿丽亚·外力、陈永坤、克拉热木·克里木江 等	核桃SPL基因家族的系统进化和表达分析	生物技术通报	新疆师范大学生命科学学院	2024.05
9	热萨莱提·伊敏、热阳古·阿布拉、买买提·吐尔逊 等	核壳磁性胡桃醌分子印迹聚合物对核桃青皮中目标分子的选择性富集	食品科学	喀什大学化学与环境科学学院	2024.05
10	周光辉、陈凤、孙守霞 等	水肥耦合对核桃光合特性及产量和品质的效应	新疆农业科学	新疆农业大学林学与风景园林学院	2024.05
11	刘钧庆、梁国成、张欣 等	调亏灌溉对滴灌核桃树根系空间分布特征的影响	新疆农业科学	新疆农业大学水利与土木工程学院	2024.05
12	秦春雨、周建平、许燕 等	基于热红外成像的核桃园土壤水分检测方法研究	灌溉排水学报	新疆大学机械工程学院	2024.06
13	亚森·吐尔迪、马天宇、图尔迪麦麦提·努尔麦麦提 等	苹果蠹蛾和梨小食心虫迷向丝在核桃园中的使用模式	新疆农业科学	新疆农业大学林学与风景园林学院	2024.07
14	易首全、李慧民、张俊佩 等	南疆核桃优质高效栽培关键技术措施	新疆农业科学	喀什地区林果产业工作站	2024.09

续表

序号	作者	题目	期刊	单位	发表时间
15	帕孜丽耶·艾合麦提、王新勇、周燕 等	微生物菌剂对核桃叶片生理及光合特性的影响	新疆农业科学	新疆农业大学园艺学院	2024.09
16	王文窈、孙洪涛、王莉莉 等	新疆和田县核桃腐烂病菌鉴定及田间生防制剂筛选	农药学学报	新疆农业大学林学与风景园林学院	2024.09
17	王磊、樊璐、李亚奇 等	红瓤核桃JrbHLHA2转录因子靶向查尔酮合成酶基因JrCHS4调控种皮花青苷合成的功能研	果树学报	新疆生产建设兵团塔里木盆地生物资源保护利用重点实验室	2024.09
18	玛丽艳姑丽·吐尔迪、石凌旭、康启航 等	核桃内生真菌多样性及核桃腐烂病生防菌株筛选	果树学报	塔里木大学农学院	2024.09
19	王新汇、郭众仲、鱼尚奇 等	肉桂酸和4-香豆酸对核桃硬壳发育及生理特征的影响	果树学报	塔里木大学园艺与林学学院	2024.10
20	马治浩、郭松、王阳 等	缓释肥在核桃树体上的应用及对土壤根际微生物的影响	西北农业学报	新疆生产建设兵团塔里木盆地生物资源保护利用重点实验室	2024.10
21	陈国祥、魏杨、郭文超 等	核桃园苹果蠹蛾的空间分布型与抽样技术分析	新疆农业科学	新疆农业大学林学与风景园林学院	2024.11
22	刘志金、石凌旭、张佳 等	核桃腐烂病生防菌Streptomyes deccanensis的鉴定与应用	干旱地区农业研究	塔里木大学农学院	2024.11
23	赵莎莎、王世伟、张翠芳 等	核桃焦叶病与矿质元素关系分析	新疆农业科学	新疆农业大学林学与风景园林学院	2024.11
24	李慧、毕莹、王新宇 等	核桃青皮多酚调控对哈密瓜采后活性氧代谢水平及腐烂率的影响	新疆农业科学	新疆农业大学食品科学与药学学院	2024.12
25	刘战霞、李斌斌、赵月 等	核桃蛋白/肉苁蓉多糖稳定白藜芦醇Pickering乳液的制备及其稳定性	食品科学	新疆农垦科学院农产品加工研究所	2024.12

2. 英文论文（见表8-2）

表8-2　2024年南疆核桃领域相关英文论文

序号	作者	题目	期刊	单位	发表时间
1	Man X, Li L, Fan X, et al.	Evolution and Modelling of the Moisture Diffusion in Walnuts during the Combination of Hot Air and Microwave-Vacuum Drying	Agriculture	塔里木大学	2024.01
2	Man X, Li L, Fan X,et al.	Drying Kinetics and Mass Transfer Characteristics of Walnut under Hot Air Drying	Agriculture	塔里木大学	2024.01
3	Wu J, Li X, Shi Z, et al.	Research on Walnut (Juglans regia L.) Classification Based on Convolutional Neural Networks and Landsat-8 Remote Sensing Imagery	Forests	塔里木大学	2024.01
4	Wang X, Wu Q, Mao X, et al.	Effect of Alkyl Peroxyl Radical Oxidation on the Oxidative Stability of Walnut Protein Emulsions and Their Adsorbed Proteins	Foods	石河子大学	2024.03
5	Song Y T, Ma K, Zhao Y, et al.	Genome-wide identification of the walnut MYC gene family and functional characterization of Xinjiang wild walnut under low-temperature stress	Frontiers in Genetics	新疆农业大学园艺学院；新疆农业科学院	2024.03
6	Liqun Han, Xiang Luo, Yu Zhao, et al.	A haplotype-resolved genome provides insight into allele-specific expression in wild walnut (Juglans regia L.)	Scientific Data	新疆农业科学院	2024.03

序号	作者	题目	期刊	单位	发表时间
7	Haifeng Gao, Shuangshuang Jia, Yongqiang Liu, et al.	Influence of wheat–walnut intercropping on the Sitobion avenae and its predatory natural enemies	Journal of Asia–Pacific Entomology	石河子大学农学院；新疆农业科学院；中国农业科学院	2024.03
8	Renjun Wang, Nigela Tuerxun, Jianghua Zheng	Improved estimation of SPAD values in walnut leaves by combining spectral, texture, and structural information from UAV–based multispectral image	Scientia Horticulturae	新疆大学	2024.03
9	Song Y T, Ma K, Zhao Y, et al.	Genome–wide identification of the walnut MYC gene family and functional characterization of Xinjiang wild walnut under low–temperature stress	Frontiers in Genetics	新疆农业大学园艺学院；新疆农业科学院园艺作物研究所	2024.03
10	Yunfei Liu, Dongwei Gui, Xiaoping Chen, et al.	Sap flow characteristics and water demand prediction of cash crop in hyper–arid areas	Agricultural Water Management	中国科学院新疆生态地理研究所；中国科学院大学	2024.04
11	Xu Guiqing, Li Jinyao, Hu Haifang, et al.	Effect of deficit irrigation on physiological, morphological and fruit quality traits of six walnut tree cultivars in the inland area of Central Asia	Scientia Horticulturae	中国科学院新疆生态地理研究所；新疆农业大学；新疆维吾尔自治区林业科学院	2024.04
12	Li P, Wei Y, Chen G	Perceptual Effects of Walnut Volatiles on the Codling Moth	Insects	新疆农业大学	2024.05
13	Yu S, Fu J, Ye Q, et al.	A Preliminary Study on the Identification of Genes Involved in Lignification in the Endocarp of Bared–Nut Walnut (Juglans regia L.) in Xinjiang, China	Horticulturae	塔里木大学	2024.05

续表

序号	作者	题目	期刊	单位	发表时间
14	Song Y-T, Ma K, Zhao Y, et al.	Genome-wide identification of the walnut MYC gene family and functional characterization of Xinjiang wild walnut under low-temperature stress	Frontiers in Genetics	新疆农业大学	2024.05
15	Shunke Wang, Jing jing Chang, Jie Xu e, et al.	Coupling behavioral economics and water management policies for agricultural land-use planning in basin irrigation districts: Agent-based socio-hydrological modeling and application	Agricultural Water Management	中国科学院新疆生态地理研究所；新疆大学；新疆师范大学	2024.06
16	Li X, Wang X, Zhang D, et al.	Historical spread routes of wild walnuts in Central Asia shaped by man-made and nature	Frontiers in Plant Science	中国科学院新疆生态地理研究所；新疆农业大学	2024.06
17	Wang H, Shi J, Guo W, et al.	The identification and expression analysis of walnut Acyl-ACP thioesterases	Frontiers in Genetics	新疆农业科学院；新疆农业大学	2024.07
18	Ze Qin, Chengcai Yan, Kaiying Yang, et al.	Genome-wide identification of walnut (Juglans regia) PME gene family members and expression analysis during infection with Cryptosphaeria pullmanensis pathogens.	Genomics	塔里木大学	2024.07
19	Hui Zhang, Xinyue Ning, Houxu Pu, et al.	A novel approach for the non-destructive detection of shriveling degrees in walnuts using improved YOLOv5n based on X-ray images.	Postharvest Biology and Technology	新疆大学；哈密职业技术学院	2024.08
20	Ni P, Hu S, Zhang Y, et al.	Design and Optimization of Key Parameters for a Machine Vision-Based Walnut Shell‐Kernel Separation Device	Agriculture	塔里木大学	2024.09

序号	作者	题目	期刊	单位	发表时间
21	Yindi Zhao, Qingzhi Wu, Qihong Zhang, et al.	Ultrasound and high-speed shear pretreatments of walnut meal protein: Structural and functional characterization and mechanistic investigation.	LWT-Food Science and Technology	石河子大学；塔里木大学	2024.10
22	Luo L, Zhang H, Wang Y, et al.	A Model for Fat Content Detection in Walnuts Based on Near-Infrared Spectroscopy	Horticulturae	塔里木大学	2024.10
23	Ma K, Zhao Y, Han L Q, et al.	Wide analysis of SPL gene family and functional identification of JrSPL02 gene in the early flowering of walnut	Horticulturae	中国农业大学园艺学院；新疆农业科学院	2024.10
24	Hui Zhong, Baokun Li, Zhexin Fan, et al.	Isolation, purification, characterization, and analysis of the antioxidant activity of antioxidant peptides from walnut milk fermented with Lactobacillus paracasei SMN-LBK	Food Bioscience	石河子大学；新疆农垦科学研究院	2024.10
25	Ma K, Zhao Y, Han L Q, et al.	Wide analysis of SPL gene family and functional identification of JrSPL02 gene in the early flowering of walnut	Horticulturae	中国农业大学园艺学院；新疆农业科学院园艺作物研究所	2024.10
26	Ying Wu, Shaohua Zhai, Meiyan Fang, et al.	Evaluation of the growth performance, meat quality, and gut microbiota of broilers fed diets containing walnut green husk extract	Poultry Science	新疆农业大学	2024.11
27	Han L Q, Luo X, Zhao Y, et al.	A haplotype-resolved genome provides insight into allele-specific expression in wild walnut (*Juglans regia* L.)	Scientific Data	新疆农业科学院园艺作物研究所	2024.11

续表

序号	作者	题目	期刊	单位	发表时间
28	Honglong Hao, Shiwei Wang, Cuifang Zhang, et al.	Distribution characteristics of photoassimilates in walnut leaves to different organs.	Plant Physiology and Biochemistry	新疆农业大学林学与风景园林学院	2024.12
29	Xiaojuan Li, Bo Liu, Yinggang Shi, et al.	Efficient three-dimensional reconstruction and skeleton extraction for intelligent pruning of fruit trees	Computers and Electronics in Agriculture	新疆大学；西北农林科技大学；新疆农业科学院	2024.12
30	Min Yang, Yunkun Zhu, Jiangxia Xu, et al.	Modification approaches of walnut proteins to improve their structural and functional properties: A review	Food Chemistry: X	新疆大学生命科学与技术学院	2024.12
31	Sawut M, Hu X, Manlike A, et al.	Enhancing Leaf Area Index Estimation in Southern Xinjiang Fruit Trees: A Competitive Adaptive Reweighted Sampling–Successive Projections Algorithm and Three–Band Index Approach with Fractional–Order Differentiation	Forests	新疆大学	2024.12
32	Shunke Wang, Jie Xue, Jingjing Chang, et al.	An agent–based socio–hydrological modeling to identify the feedbacks between agricultural irrigation and ecological water conveyance tradeoffs in Hotan River basin	Journal of Hydrology: Regional Studies	中国科学院新疆生态地理研究所	2024.12

（四）授权专利（见表8-3）

表8-3　2024年南疆核桃产业相关专利成果

序号	名称	授权公告号	申请人	授权日期	发明类型
1	一种坚果果壳破碎的离散元数值模拟方法	CN113821926B	塔里木大学	2024/1/26	发明专利
2	一种基于机器视觉的核桃分拣装置	CN114367461B	新疆大学	2024/4/12	发明专利
3	一种风味高亚油酸核桃酱加工制备方法及其加工生产装置	CN117502621B	新疆农业科学院农产品贮藏加工研究所	2024/7/26	发明专利
4	一种鉴别新疆'温185'薄皮鲜核桃的方法	CN114858937B	新疆农业科学院农产品贮藏加工研究所	2024/6/21	发明专利
5	一种防治核桃焦叶病的方法	CN113179827B	新疆维吾尔自治区林业科学院经济林研究所	2024/10/25	发明专利
6	一种核桃树降高瘦身的方法	CN115868360B	新疆农业科学院园艺作物研究所	2024/12/6	发明专利
7	一种核桃栽培的施肥装置	CN220292573U	新疆维吾尔自治区林业科学院经济林研究所	2024/1/5	实用新型
8	一种伸缩式核桃修枝剪	CN220402473U	新疆维吾尔自治区林业科学院经济林研究所	2024/1/30	实用新型
9	一种核桃嫁接用固定夹	CN221468433U	新疆喀什地区瓜果蔬菜产业发展中心	2024/8/6	实用新型
10	一种核桃林自走式喷雾打药机	CN220630795U	新疆维吾尔自治区阿克苏地区林业技术推广服务中心、新疆维吾尔自治区阿克苏职业技术学院	2024/3/22	实用新型
11	一种核桃种植用喷灌打药设备	CN220654530U	新疆维吾尔自治区阿克苏地区林业技术推广服务中心、新疆维吾尔自治区阿克苏职业技术学院	2024/3/26	实用新型
12	一种核桃收集用手推车	CN220630142U	新疆理工学院	2024/3/22	实用新型

续表

序号	名称	授权公告号	申请人	授权日期	发明类型
13	一种核桃采收装置	CN221429590U	新疆维吾尔自治区林业科学院经济林研究所	2024/7/30	实用新型
14	一种便于调节的核桃采收工具	CN221488397U	新疆维吾尔自治区林业科学院经济林研究所	2024/8/9	实用新型
15	拖拉机牵引式核桃摇振采收机构	CN221748997U	新疆大学	2024/9/24	实用新型
16	核桃捡拾机	CN222108612U	新疆农业科学院农业机械化研究所	2024/12/6	实用新型
17	一种传送带上并联机器人用核桃抓取装置	CN221364842U	新疆大学	2024/7/19	实用新型
18	一种核桃青皮剥离清洗装置	CN221813139U	新疆农业大学	2024/10/11	实用新型
19	立式核桃青皮处理装置	CN220818255U	新疆理工学院	2024/4/19	实用新型
20	一种去除坚果表皮前期预处理装置	CN220987537U	喀什遇见您农牧食品科技有限公司	2024/5/24	实用新型
21	一种青皮核桃清洗脱皮分离装置	CN221382426U	新疆大学	2024/7/23	实用新型
22	具有筛分功能的核桃粉碎装置	CN220441821U	新疆美嘉食品饮料有限公司、叶城县福禾源农业科技有限公司、新疆寰态农业有限公司	2024/2/6	实用新型
23	一种核桃去壳器及其去壳方法	CN115444147B	麦盖提县杰品种植农民专业合作社、新疆农业科学院农业质量标准与检测技术研究所	2024/5/31	实用新型
24	一种基于目标检测算法的核桃壳仁分离设备	CN221674991U	塔里木大学	2024/9/10	实用新型
25	一种核桃外部品质分选装置	CN222174961U	新疆大学	2024/12/17	实用新型
26	一种核桃蛋白复合酶解PH及温度调控装置	CN220685155U	塔里木大学	2024/3/29	实用新型

序号	名称	授权公告号	申请人	授权日期	发明类型
27	一种核桃基组织蛋白挤压塑型装置	CN220831781U	新疆农业科学院农产品贮藏加工研究所	2024/4/26	实用新型
28	一种核桃微波调质增香脱涩预处理装置	CN220831795U	新疆农业科学院农产品贮藏加工研究所	2024/4/26	实用新型
29	一种核桃油联合提取装置	CN221028301U	新疆农业科学院农产品贮藏加工研究所	2024/5/28	实用新型
30	一种用于核桃肽生产分离装置	CN221208844U	新疆正生营养研究院(有限公司)	2024/6/25	实用新型
31	一种核桃检测用X射线防护检测装置	CN221908493U	新疆大学	2024/10/29	实用新型
32	包装袋(烤核桃)	CN308483214S	喀什疆果果农业科技有限公司	2024/2/23	外观设计
33	包装盒	CN308673599S	阿克苏浙疆果业有限公司	2024/6/7	外观设计
34	包装瓶(核桃肽固体饮料)	CN308841191S	塔里木大学	2024/9/17	外观设计
35	损伤核桃智能无损检测装置	CN308854912S	塔里木大学	2024/9/24	外观设计
36	核桃捡拾机	CN309012626S	新疆农业科学院农业机械化研究所	2024/12/17	外观设计

（五）授权核桃新品种（见表8-4）

表8-4　近年来获得授权的南疆核桃新品种

序号	品种名称	品种权号	品种权人	授权日期	培育人
1	'新雄'核桃	20230770	新疆维吾尔自治区林业科学院	2023-12-29	王宝庆、徐业勇、虎海防、李明昆、李宏
2	'新和1号'核桃	20210488	新疆维吾尔自治区林业科学院	2021-10-21	王宝庆、徐业勇、张志刚、虎海防、李明昆、买买提托合提·艾合买提、力提甫·艾合买提、努尔曼·卡的、李宏
3	'墨宝'核桃	20210539	新疆维吾尔自治区林业科学院经济林研究所	2021-10-21	黄闽敏、张强、宁万军、李丕军、李西萍

续表

序号	品种名称	品种权号	品种权人	授权日期	培育人
4	'新辉'核桃	20210540	新疆维吾尔自治区林业科学院经济林研究所	2021-10-21	黄闽敏、张强、宁万军、李丕军、李西萍
5	'新盛'核桃	20210541	新疆维吾尔自治区林业科学院经济林研究所	2021-10-21	张强、黄闽敏、宁万军、李丕军、李西萍

六、主要荣誉

（一）新疆维吾尔自治区林业科学院自然保护地与野生动植物研究所虎海防研究员，2024年4月被自治区林业和草原局林果业发展科技支撑首席专家工作领导小组聘任为第七期自治区林业和草原局林果业发展科技支撑首席专家。

（二）塔里木大学园艺与林学学院张锐教授，2024年4月被自治区林业和草原局林果业发展科技支撑首席专家工作领导小组聘任为第七期自治区林业和草原局林果业发展科技支撑首席专家。

（三）塔里木大学园艺与林学学院张锐教授，2024年被兵团妇联评为"兵团巾帼建功标兵"，2023年被农业农村部评为"神农青年英才"，2022年获得兵团科技局授予的"山英才青年科技拔尖人才""兵团最美科技工作者"等荣誉称号。科技成果"核桃提质增效栽培关键技术研究与示范"获得2021年兵团科技进步二等奖。

（四）新疆林业科学院园林绿化研究所虎海防研究员、新疆农业科学院园艺作物研究所马凯研究员、阿克苏浙江果业有限公司董事长赵文革等，2024年6月所申报的成果"新疆核桃产业高质量发展关键技术创新与集成"获得2023年度自治区科技进步奖一等奖。

（五）和田惠农电子商务有限公司，2023年3月获得和田县商务、工业和信息化局认定的"和田县农村电子商务产业联盟企业"称号。

（六）毛晓英教授荣获第四届全国高校教师教学创新大赛兵团三等奖，指导的硕士研究生毕业论文荣获石河子大学优秀硕士学位论文。

七、重要活动

（一）自治区林草局召开林果产业技术体系工作会议

自治区林草局组织召开林果产业技术体系工作会议。2023年核桃产业技术体系产出成果63项，坚持边创新边转化，一批成果及时应用于生产一线、服务各族群众，为林果产业高质量发展提供有力的科技支撑，培养适配人才。

（二）阿克苏地区召开林果全产业链建设现场推进会

为贯彻落实自治区推进新型工业化暨高质量建设"八大产业集群"大会精神，按照《自治区绿色有机果蔬产业集群建设行动计划》工作要求，加快推进林果产业从种植到加工销售全产业链建设，2024年3月5日，阿克苏地区在阿瓦提县召开全地区林果产业链建设现场推进会。

（三）全国糖酒商品交易会上新疆展馆"风光旖旎"

为集中展现新疆林果特色，促进新疆林果产品"走出去"开拓市场，2024年3月20日，自治区林草局林果产业发展中心带领各地州市相关负责人和相关企业（40家）前往成都参加第110届全国糖酒商品交易会，为成都市群众带来了包括新疆核桃在内的特色林果名优特产品和其他精深加工产品十一大类140余种。

（四）自治区召开林果产业链建设视频调度会

为全力推动林果业高质量发展，2024年9月14日上午，自治区召开林果产业链建设视频调度会。自治区人民政府副主席麦尔丹·木盖提主持会议并对林果产业链建设工作进行安排部署。会议强调当前核桃等大宗果品已陆续进入成熟采收期，要加强组织领导，采取有力措施，督促指导各主产县市、乡镇按期采收、及时储运，做好林果加工企业资金、用工、原料收购等服务工作，确保果品实现精收细收、应收尽收，全力保障果品产量和质量。

（五）第二届中国乡村特色优势产业发展大会在京圆满举行

2024年10月11日，第二届中国乡村特色优势产业发展大会在北京中国国际展览中心举行。新疆维吾尔自治区林业和草原局组织的49家特色农产品企业集中亮相，其中林果企业占据31席。大会设立南疆核桃红枣等七个产业发展论坛，与会嘉宾围绕共同推动乡村特色优势产业高质量发展的核心议题展开了深入探讨和交流。

大会为乡村产业的交流与合作搭建了一个宽广的平台，通过展示展销、产销对接、交流研讨等多种形式，有力地促进了帮扶产业的增效、农民的增收以及消费者的受益，为乡村振兴战略的深入实施注入了新的活力和动力。

（六）第十四届新疆农产品北京交易会

2024年10月26日—10月30日，由新疆维吾尔自治区农业农村厅、商务厅、国有资产监督管理委员会、文化和旅游厅、林业和草原局、粮食和物资储备局、供销合作社联合社、新疆生产建设兵团农业农村局主办，和田地区行署、北京市对口支援和田工作前方指挥部协办的第十四届新疆农产品北京交易会，在北京全国农业展览馆隆重举办。本届交易会展示了来自新疆的九大类千余种特色林果、农产品，吸引了来自全国的200多家采购商。

（七）第17届中国义乌国际森林产品博览会

2024年11月1日上午，第17届中国义乌国际森林产品博览会在浙江省义乌国际博览中心盛大开幕。自治区林业和草原局共组织33家新疆林果企业、合作社参加本届森博会，设置精品展示区315平方米，主要开展核桃等十二类200余种名优特新林果及其加工产品展示、宣传、推介。

（八）第四届中国新疆特色林果产品博览会

2024年11月8日上午，由新疆维吾尔自治区人民政府和广东省人民政府联合举办的第四届中国新疆特色林果产品博览会在广州开幕，为期3天的博览会重点展出72款林果精深加工产品和24个林果新品种。300余家参展商、400余家采购商参展，达成签约金额70亿元，充分展示了新疆林果产业发展成果，并进一步推动了粤新两地的交流合作。

（九）2024新疆名优特农产品上海交易会

2024年12月13日—12月16日，2024年度新疆名优特农产品上海交易会在上海国际农展中心成功举办，本届继续沿用"新疆是个好地方'品味新疆'好产品"主题，带来众多新疆地道特色农产品。14个地、州、市和兵团相关企业开展特色农产品专题推介、歌舞展演等多场丰富多彩的营销活动。

（十）2024年浙江农业博览会阿克苏地区特色农产品专场推介

2024年11月22日下午，浙江农业博览会阿克苏地区特色农产品专场推介活动在杭州国际博览中心举行。本次推介会现场推介了阿克苏的特色农产品（阿克苏纸皮核桃等）。本次阿克苏特色农产品推介会的成功举办，不仅显著提升了阿克苏地区优质农副产品的知名度和美誉度，有效促进了农副产品的销售，同时也让更广泛的消费者和投资者认识到了阿克苏地区农业产业所蕴含的巨大潜力和独特优势，极大地激发了投资企业的热情，还为阿克苏地区与浙江省乃至其他地区的农业合作与交流搭建了重要平台。

八、社会影响

南疆核桃产业作为区域经济与社会发展的重要引擎，正以多维影响力重塑着当地的发展格局。以下来自多家媒体的报道内容，从不同维度揭示了南疆核桃产业如何以"小坚果"的能量，释放出推动社会进步的"大效应"。

（一）新疆核桃产业技术体系机械研发取得新进展（新华网、中国新闻网、新疆维吾尔自治区林业和草原局科技处）

2024年10月，新疆核桃产业技术体系在温宿县木本粮油林场成功举办了一场核桃新装备试验演示活动，标志着核桃采收机械研发取得了显著新进展。活动现场，三款核桃采收机械——"核桃集条机""核桃清收机"和"多功能生产作业平台"均进行了实地演示。各界观摩人员对这三款核桃采收机械给予了高度评价，一致认为它们在提高采收效率、降低人工成本方面展现出了显著优势，为核桃产业的现代化发展注入了新动力。

（二）新疆解锁高质量发展绿色密码（中国林草资讯）

新疆高度重视林草业发展，将其作为"绿洲经济"的重要组成部分。自治区林业和草原局深入贯彻党的二十大精神，扎实推进林草建设高质量发展。在林果产业方面，2023年编制实施了《自治区绿色有机果蔬产业集群建设行动计划（2023—2025年）》，组建了林果全产业链专家服务团，开展技术培训2万场次，培训144万人次。针对核桃等重点产业，组建专业技术团队，在品种选育、绿色生产等领域取得技术成果184项。产业发展方面，成功引进摩尔农庄等3家知名企业，培育34家示范企业，带动3500余家林果企业和合作社发展。在精深加工技术方面实现突破，开发出核桃油、蛋白粉等高附加值产品，年加工果品量超过600万吨。

（三）新疆林果从有向优构建现代化产业体系（中国绿色时报、国家林业和草原局）

新疆林果产业稳步发展，2023年种植面积达2110万亩，占全国13%，带动480万果农人均增收6200元。重点开展品种改良和果园管理，完成1096万株果树嫁接改优，46万亩核桃、红枣疏密改造。加强质量监管，抽检林果产品2000批次。组建专家服务团开展技术指导，实施林果新品种选育项目。针对核桃等重点产业，组建5个专家团队开展科研攻关，在品种选育、绿色生产等领域取得63项技术成果。

（四）新疆果品热销海外（中国绿色时报、国家林业和草原局）

新疆核桃产业加快国际化步伐，出口规模显著增长。2014年前主要面向国内市场，价格约30元/千克。随着种植规模扩大，企业积极开拓海外市场。在"一带一路"倡议带动下，新疆核桃出口快速增长。以客来木公司为例，2023年出口核桃原果2万吨、核桃仁4000吨，销往18个国家和地区。企业反馈显示，新疆核桃凭借品质和价格优势，在国际市场供不应求。产业升级为出口提供支撑。全区70余家重点企业实施100余个产业项目，总投资超18亿元。京东在巴楚县建设的冷链物流中心将提升流通效率。自治区林草局计划借助自贸区建设，支持企业海外布局仓储设施，加强国际合作。业内人士预计，未来新疆核桃出口比例有望提升至50%。

（五）喀什地区召开科技创新大会（新疆维吾尔自治区科学技术厅）

2024年12月26日，喀什地区召开科技创新大会，深入学习贯彻全国科技大会、新疆科技创新大会精神，系统总结2024年科技创新工作，安排部署2025年及今后一个时期科技重点工作，以高水平科技创新更好支撑引领经济社会高质量发展。喀什地委书记聂壮，自治区科技厅党组副书记、厅长阿布力米提·伊力出席会议并讲话，喀什地委副书记、行政公署专员艾尼瓦尔·吐尔逊主持会议。会议为2024年认定的新疆核桃精深加工工程技术研究中心等科创平台授牌。

（六）2024年新疆果品出口创历史新高（新疆日报、新疆维吾尔自治区林业和草原局）

2024年，新疆果品出口量和出口金额均实现了两位数增长，其中，出口量较2023年增长了20%，出口金额增长16%。与2022年相比，增长则更为亮眼，出口量和出口金额分别增长了150%和107%。数据显示，2024年1月—12月，新疆出口的各类干鲜果品中，出口金额最大的是核桃，出口金额为15亿元，占新疆果品出口总金额的51.7%。

从出口目的地看，中亚目前是新疆果品出口的最大市场，去年新疆向中亚各国出口果品约20亿元，占全年出口果品金额的68.9%，其中对吉尔吉斯斯坦果品出口的金额达17亿元，占新疆全年果品出口金额的58.6%。新疆向吉尔吉斯斯坦出口的果品主要为核桃等。中东的阿联酋、沙特阿拉伯进口新疆核桃数量较多；新疆向欧洲市场出口的果品种类最为丰富，几乎覆盖了新疆的所有林果品种。

（七）新疆梳理林果标准体系——地方标准由360多项精简至224项（新疆日报）

自治区林业和草原局、自治区市场监督管理局联合发布《新疆维吾尔自治区林业和草原地方标准体系（林果领域）》，将林果领域地方标准由360多项精简至224项,推动新疆林果标准由数量规模型向质量效益型转变。

林果标准体系分为管理、通用和技术三个大类,按照产前、产中、产后环节划分子类,涵盖核桃等12个新疆主栽林果树种,并兼顾其他林果树种。聚焦林果产地环境、苗木、品种、建园、栽培管理、病虫害防治、水肥管理、果品质量分级、贮藏运输等关键环节,整合优化相近标准,废止不适用标准,制定重点环节缺失标准,将新疆林果领域地方标准由360多项精简至224项(不含待制定的34项),初步解决了林果标准交叉、重叠、烦冗等问题,推动林果标准由数量规模型向质量效益型转变,结构更加优化,体系更加健全,服务生产的针对性、实用性更加突出。

(八)新疆7个农业优势特色产业集群产值均超百亿元(新疆日报)

2023年,新疆乡村产业发展保持稳中有进、稳中向好的态势。全区已累计创建薄皮核桃等7个农业优势特色产业集群,每个产业集群的总产值均超百亿元。

新疆立足打造全国优质农牧产品重要供给基地的战略定位,聚焦特色产业,以产业集群建设为抓手,加快构建产加销贯通、农文旅融合的现代乡村产业体系。

(九)绿洲深处有金果——探访中国重要农业文化遗产新疆叶城核桃栽培系统(中国民族网)

中国产核桃的地方有很多,而新疆喀什地区叶城县的核桃以果实大、壳薄易剥、出仁率高、味香甘甜、油脂丰富、无苦涩味等特点,成为其中的佼佼者。叶城地处亚欧大陆腹地的荒漠地带,属典型的暖温带大陆性干旱气候,对根系发达、怕涝、喜光、喜透气的核桃树而言,这里是绝佳的生长地。

作为著名的"中国核桃之乡",叶城是目前新疆核桃种植面积最大的县市。2023年6月,新疆叶城核桃栽培系统入选第七批中国重要农业文化遗产,为"叶城核桃"品牌建设又添了一张沉甸甸的文化名片。

参考文献

[1] 刘永富：《补齐食用油短板 加快实现木本油料高质量发展》，中国社会帮扶网，2024-09-04。

[2] 国家林业和草原局：《中国林业和草原统计年鉴2023》，中国林业出版社2024年版。

[3] 郗荣庭：《中国果树科学与实践 核桃》，陕西科学技术出版社2015年版。

[4] 马庆国、乐佳兴、宋晓波等：《新中国果树科学研究70年——核桃》，《果树学报》2019年第36卷第10期，第1360—1368页。

[5] 王保明、颜士华、商建波等：《木本食用油料树种资源特征及其育种利用的研究进展》，《安徽农学通报》2022年第28卷第3期，第87—93页。

[6] 王亚萍、姚小华、曹永庆等：《几种油料植物油脂的品质及氧化稳定性研究》，《中国油脂》2024年第1期，第1—14页。

[7] 尹佳欣、黄雅涓、宋智勇等：《太行山地区6种核桃的氨基酸品质研究》，《农业科技与装备》2021年第5期，第26—28页。

[8] 贾懿敏：《脱皮核桃仁中关键风味及咀嚼过程中释放规律研究》，武汉轻工大学硕士学位论文，2023年，第26—28页。

[9] 刘雨霞、田鑫、杨笑等：《不同核桃品种内种皮苦涩味物质差异分析》，《果树学报》2021年第38卷第2期，第222—230页。

[10] 咸登斐、张润光等：《核桃油中亚油酸分离纯化技术研究及其降血脂功能评价》，《中国油脂》2019年第44卷第2期，第10—18页。

[11] 黄春颖、黄有军、吴建峰等：《SAD和FAD家族基因调控山核桃不饱和脂肪酸组分配比》，《园艺学报》2018年第45卷第2期，第250—260页。

[12] 孙树杰、王兆华、宋康等：《核桃营养价值及功能活性研究进展》，《中国食

参考文献

参考文献（上方页眉）

物与营养》2013年第5期，第72—74页。

[13] 郑晨曦、徐斌、翟鹏贵等：《国外植物酸奶产品营养成分现况调查》，《中国食物与营养》2022年第28卷第1期，第51—56页。

[14] 孙小东：《核桃蛋白肽改善骨质疏松活性评价和钙螯合肽的制备与结构表征》，昆明理工大学硕士学位论文，2021年，第37—40页。

[15] 李福荣、赵爽、张秋等：《食源性生物活性肽的功能及其在食品中的应用》，《食品研究与开发》2020年第20期，第210—217页。

[16] 路振康、吴庆智、张建等：《核桃青皮提取物的多酚含量、体外抗氧化和抗菌活性的评价》，《食品科学》2023年第44卷第3期，第79—87页。

[17] 林玉萍、张旭、虎春艳等：《核桃壳的化学成分》，《食品工业》2020年第41卷第8期，第300—303页。

[18] 郭露遥、徐冰峰等：《核桃壳吸附剂的化学活化方法》，《化学世界》2021年第62卷第6期，第378—386页。

[19] 王嘉佳、高山、何爱民等：《核桃分心木成分分析及其功能性研究进展》，《食品工程》2019年第1期，第12—17页。

[20] 石建春、段雅洁、李志刚等：《核桃分心木袋泡茶制作及冲泡工艺》，《食品工业》2019年第6期，第93—97页。

[21] 李莉、白岩、马凯等：《南疆核桃高效生产技术手册》，中国农业出版社2019年版。

[22] 李源、马文强、朱占江等：《新疆核桃产业发展现状及对策建议》，《农学学报》2019年第9卷第7期，第80—86页。

[23] 吴泊辉：《新疆林果业生产机械化现状及对策分析》，《农机市场》2022年第10期，第57—59页。

[24] 赵向豪、杨景淳：《新疆核桃产业集群发展策略研究》，《中国油脂》2024年第4期，第1—11页。

[25] 席婧、蒋志辉：《新疆地区核桃产业发展现状分析》，《现代园艺》2023年第2期，第38—40页。

[26] 梁刚：《新疆核桃产业发展现状及对策》，《新农民》2024年第1期，第19—21页。

[27] 胡东宇、高健、黄力平等：《南疆四地州核桃产业现状与发展思路》，《北方园艺》2021年第13期，第148—154页。

[28] 邓秀山、艾则孜·吐尔逊：《阿克苏核桃产业发展现状及对策》，《新疆林业》2021年第2期，第27—30页。

[29] 何丹：《新疆核桃产地购销现状及产业发展建议》，《新疆林业》2021年第6期，第32—34页。

[30] 张诚、刘毅、蒋小林：《新疆核桃产品加工利用及推广》，《现代农业科技》2021年第6期，第208—209页。

[31] 邓浩、王先玉、王友燕等：《新疆阿克苏地区核桃产业绿色发展水平评价》，《安徽农业科学》2025年第53卷第6期，第201—206页。

[32] 张磊：《新疆南疆特色林果产业的辐射效应研究》，塔里木大学硕士学位论文，2013年。

[33] 侯咏：《新疆人力资本对区域经济发展的影响研究》，华北电力大学（北京）硕士学位论文，2024年。

[34] 方言：《农民合作组织、规模经营与期货市场》，《全球》2019 年第1期，第15—39+132页。

[35] 曹卓：《温宿县核桃产业高质量发展研究》，塔里木大学硕士学位论文，2023年。

[36] 吕昕聪、李小锋、彭博：《南疆特色干果电商市场销售情况分析》，《农村经济与科技》2018年第29卷第19期，第162—164页。

[37] 河南日报社、河南省社会科学院联合课题组：《强化品牌建设赋能新质生产力发展》，《河南日报》2025年5月10日，第6版。

[38] 马晓庆：《贫困治理视域下的新疆绿洲社会发展研究》，兰州大学硕士学位论文，2023年。

后 记

　　《中国南疆核桃产业发展蓝皮书（2024）》是中国乡村发展志愿服务促进会（以下简称"促进会"）组织编写的乡村振兴特色优势产业培育工程丛书之一，是促进会在《中国南疆核桃产业发展蓝皮书（2023）》《中国南疆核桃产业发展蓝皮书（2022）》基础上重点聚焦 2024年我国南疆地区核桃产业发展动态撰写的第三本关于南疆核桃产业发展的蓝皮书。按照促进会的总体部署，由北京市农林科学院联合中国农业科学院农产品加工研究所、中国林业科学研究院林业研究所、新疆维吾尔自治区林业科学院、新疆农业科学院、新疆农业大学、塔里木大学、石河子大学、和田地区林草局的相关专家共同组成编委会，编写组成员通力合作、深入调研、查阅文献、企业座谈、数据分析，共同完成初稿的撰写。该书初稿在经促进会统一组织的专家初审会和专家评审会评审后，结合专家评审意见和建议，经反复修改完善，最终成书。

　　《中国南疆核桃产业发展蓝皮书（2024）》根据中国科学院闵庆文研究员的总体撰写提纲，由陈永浩设计撰写方案并全程跟进各章撰写、进行全文统稿，虎海防、杨莉玲、张锐、毛晓英、马凯、张赟齐、宋晓波、张翠芳对本蓝皮书各章节进行细化汇总。本书撰写得到国际食品科学院院士王强研究员的指导和大力支持，由编委会顾问闵庆文审核。

　　本书撰写人员具体分工如下：

　　绪　论

　　　　　王　强（国际食品科学院院士、中国农业科学院农产品加工研究所研究员）

　　第一章　南疆核桃产业发展基本情况

虎海防（新疆维吾尔自治区林业科学院自然保护地与野生动植物
　　　　研究所所长）

杨莉玲（新疆维吾尔自治区农业科学院农业装备研究所研究员）

第二章　南疆核桃产业发展外部环境

杨莉玲　宋晓波（中国林业科学研究院林业研究所助理研究员）

第三章　南疆核桃产业发展重点区域

王世伟（新疆农业大学林学与风景园林学院教授）

韩立群（新疆维吾尔自治区农业科学院果蔬研究所副研究员）

李明昆（新疆维吾尔自治区和田地区林业和草原局高级工程师）

张翠芳（新疆农业大学林学与风景园林学院副教授）

张赟齐（北京市农林科学院林业果树研究所助理研究员）

第四章　南疆核桃产业发展典型企业

陈永浩（北京市农林科学院林业果树研究所副研究员）

第五章　南疆核桃产业发展的代表性产品/品牌

毛晓英（石河子大学食品学院营养与功能食品研究中心教授）

第六章　南疆核桃产业发展效益评价

张　锐（塔里木大学园艺与林学学院教授）

第七章　南疆核桃产业发展存在的问题与对策

马　凯（新疆维吾尔自治区农业科学院果蔬研究所研究员）

附　录　2024年南疆核桃产业发展大事记

张赟齐（北京市农林科学院林业果树研究所助理研究员）

本书在数据采集、调研等工作中，得到"十四五"国家重点研发计划项目（2023YFD2201300）、新疆维吾尔自治区重点研发计划项目（2022B02048、2021B02004）、新疆维吾尔自治区重大科技专项（2022A02004）、新疆维吾尔自治区2024年"天山英才"培养计划（2023TSYCCX0016）、新疆生产建设兵团科技创新人才计划项目（2023CB009-05）、"五共同一促进"计划项目"数字化核桃示范区建设"等项目的支持。

在中国乡村发展志愿服务促进会的全程指导和推动下,《中国南疆核桃产业发展蓝皮书(2024)》编写工作顺利完成。本书由编委会主任刘永富会长审核。在此,向蓝皮书统筹规划、篇章写作和参与评审的专家们表示感谢!正是大家的辛勤努力和付出,保证了本书能够顺利出版。同时,感谢中国出版集团研究出版社对本书给予高度重视和热情支持,在时间紧、任务重、要求高的情况下,为本书的出版付出了大量的精力和心血。感谢所有被本书引用和参考过的文献作者,是你们的研究成果为本书提供了参考和借鉴。由于编写时间短、内容信息量大,本书仍存在一些不足和有待改进、完善之处,真诚欢迎专家学者和广大读者批评指正。

本书编写组

2025年5月